KB195394

더 새로운 세무사의 미래를 꿈꾸며

_______________ 님께

이 책을 드립니다.

김완일 드림

김완일의 컨설팅수업

세무사가 묻고, 김완일이 답하다_
컨설팅으로 확장을 꿈꾸는 세무사를 위한
김완일의 컨설팅 수업을 시작합니다.

Class
01 — 20

김완일 지음

소개합니다.
/김완일 세무사

2013년 기획재정부 국세예규심사위원회 위원

2014년 잠실세무서 납세자보호위원회 위원장

2015년 기획재정부 세무사징계위원회 민간위원

2018년 코스닥협회 자문위원회 세무분과 위원

2019년 한국지방세학회 부회장

2019년 행정안전부 지방세발전위원회 위원

2023년 국회 입법조사처 국민공감입법 자문위원

2024년 세무사 사업확장과 미래전략 연구

2016 대통령 표창

2019 기획재정부장관 표창

2020년 서울지방세무사회 회장

2025

2015년 한국세무사회 부회장

10년 한국세무사고시회 회장

서문

살다 보면 마음먹은 대로 되는 일이 얼마나 있을까?

1993년 세무사업을 개업한 후, 1996년부터 고시회 활동을 통해 세무사 제도에 관심을 가지기 시작했다. 그 후 서울회에서 연수이사와 연구이사로 활동을 시작해, 본회에서는 연구이사, 부회장, 서울회장을 거치며 다양한 경험을 쌓았다. 회장으로서 급변하는 세무 서비스 시장에 대비해 5차례에 걸쳐 64개의 컨설팅 사례를 소개하며 세무사 사업의 변화를 시도했다.

한국세무사회 회장이 되어 세무사의 새로운 먹거리를 창출하기 위한 많은 계획을 세웠지만, 아쉽게도 33표가 부족해 회원들의 선택을 받지 못했다.

내가 걸어온 길은 결코 쉬운 적이 없었다. 세무사 시험에 합격한 후 세무사로 활동하며 대부분의 시간을 회무 활동에 전념했고, 기획재정부, 국세청, 국회를 오가며 세무사 제도를 정비하고 회원들의 수익 확대를 위해 노력해왔다. 이 과정에서 세무사의 미래가 밝을 것이라 기대했고, 딸에게도 세무사의 길을 권유했으며, 결국 딸은 나의 후배가 되었다.

하지만 최근 국세청이 매년 모두채움서비스(약한 AI)를 확대하고, IT 플랫폼 회사들이 세무사 업무에 침투하는 상황을 보면서 주변에서는 AI가 세상을 지배할 것이라며 우려하고 있다. 나 역시 그 변화를 체감하고 있다. 그러나 여전히 우리 세무사들은 기존의 업무 방식을 크게 벗어나지 못하고 있는 현실이다.

낙선 후 회직에서 벗어나며 생각할 시간이 생겼고, 이를 통해 상황을 더 깊이 관찰할 기회를 얻었다. 각 분야 전문가들과 세무 서비스 시장을 분석하고 토론하는 자리가 이어졌으며, 늦은 밤과 이른 아침까지 논의는 계속되었다. IT 플랫폼 사업자의 활동에 대해 본회를 비판하는 목소리도 있었지만, 이는 본회가 해결할 수 없는 문제임을 깨닫게 되었다. 한편, 동반자로 여겼던 과세 당국은 오직 징세 비용 절감에만 집중했고, 세무사들의 경쟁은 점점 더 치열해졌다. 이러한 방식으로는 미래를 기대할 수 없음을 분명히 느꼈지만, 동시에 그 위험을 기회로 전환할 수 있는 가능성도 발견하게 되었다.

이번 컨설팅 수업은 나의 상담 경험과 상담 중 새롭게 정리된 내용을 간단히 정리한 것이다. 세무사로서의 활동과 경험을 바탕으로, 이 수업은 완벽한 솔루션을 제시하기보다는 컨설턴트로서 검토하고 사고를 전개하는 방식, 그리고 관찰하는 관점에 집중하며 여러분에게 도움이 되기를 바란다.

24년 10월 김완일

김완일의 컨설팅수업

Class

01 — 20

목차

01
절세를 가장한 탈세, 그리고 '절세 컨설팅'

김완일의
컨설팅수업

01
절세를 가장한 탈세, 그리고 '절세 컨설팅'

한참 컨설팅에 눈을 뜨고 공부하는 신입 세무사입니다.
최근 TV에서 '절세를 가장한 탈세 컨설팅'이라는 이름 으로, 세무사들을 포함한 많은 사람들이 활약하고 있다고 들었습니다. 절세와 탈세의 개념이 종종 혼란스러운데, 컨설팅이 저의 미래인 만큼 이 상황에서 절세와 탈세의 정확한 경계가 무엇인지 알고 싶습니다.

▌위험한 절세 컨설팅 동향

어느 공직자 인사청문회에서 어머니 명의로 되어 있는 땅을 자녀에게 직접 증여하지 않고 자녀에게 돈을 빌려주고 그 돈으로 자녀가 매매하는 형식으로 취득한 것에 대한 논란이 있었다. 이에 대해 공직 후보자는 '여러 가지 부담이 있는 상황에서 세무사의 자문에 따라 합리적으로 거래한 것'이라고 언론에 보도되었다. 자녀에게 증여세가 과세되지 않은 범위 내의 매매가액 상당액을 증여하고 그 돈으로 어머니의 부동산을 취득한 것으로 이해된다.

일반인들에게는 가족 사이에 금전 거래를 하는 것에 대해 그 거래의 내용을 확인하지 않고 조세를 회피한 것으로 단정할 수도 있다. 그렇지만 합리적인 경제인이라면 누구든지 각자의 사정에 따라 여러 가지 방법 중에서 가장 유리한 방법을 선택하여 거래할 수 있다.

재산을 매매하거나 증여하는 경우, 또는 추후 상속으로 이전하는 경우에는 적용하는 법률이 서로 다르기도 하고, 과세방법이 달라 세금 부담에서 차이가 날 수 있다. 거래 방법뿐만 아니라 세법의 개정으로 연도를 달리하는 거래를 하면 조세 부담이 달라지는 경우도 있다. 이러한 경우에 가장 절세되는 방법을 선택한다고 해서 비난할 수는 없다.

예를 들어, 연말을 기준으로 판정하는 상장법인의 대주주로 분류되어 양도소득세 납세자가 되는 것을 회피하기 위해 연말에 주식을 처분하기도 하고, 증여일부터 3개월 이내에 증여취소를 하면 증여세가 과세되지 않는 점을 고려하여 증여일부터 3개월 이내에 주가가 떨어지면 증여를 취소하고 다시 적절한 시점에 증여하기도 하며, 비상장주식의 경우에는 연도가 바뀔 때 주가가 크게 변동되므로 연도가 바뀔 때 증여를 하기도 한다

그렇지만 최근에 어느 방송국에서 분석하여 보도한 내용 중에 비상장주식을 장외주식시장인 k-otc 시장에서 시가보다 현저히 낮은 사례가액을 만들어서 거래하는 유형, 자녀 등 가족을 보험설계사로 등록하여 보험모집 수당을 자녀 등에게 넘겨주는 방법, 미술품의 거래를 가장하여 회사 자금을 빼돌리는 방법 등의 악용실태를 방송하기도 하였다. 이러한 방송국이 취재한 내용에 대해 당사자는 절세의 형식을 취했다고 할 수 있으나 가장거래를 통한 탈세의 유형으로 분류될 수 있다.

가장행위라고 하면, 민법상 통정허위표시가 이에 해당한다. 이러한 행위의 이면에는 당사자가 실제로 의도한 행위가 은닉되어 있을 수 있다. 예를 들어, 명의신탁주식을 실명으로 전환하기 위해 매매를 가장하여 이전하거나 이해관계가 없는 사람 명의로 보유한 주식을 증여로 이전하는 거래는 그 이면에는 실제 소유자가 자신 또는 자신의 자녀에게 이전하는 결과를 초래하

게 된다. 이러한 점은 절세라는 명분으로 가장거래를 하거나 조세회피를 시도하는 것으로서, 이러한 행위에 대해서는 세금이 부과되는 것은 물론 형사처벌도 가능하다.

이에 따라 절세와 탈세, 조세 회피의 개념과 적법한 컨설팅 방안에 대해 간략하게 정리한다.

▌절세와 탈세 그리고 조세회피행위

조세의 종목과 세율은 법률로 정하고, 그 밖의 과세요건과 부과 · 징수 절차는 법률로 정하는 바에 따라 과세한다. 이것을 조세법률주의라고 하는데, 과세물건의 종류에 따라 과세하는 방법이 달라 각 세법에서는 그에 대한 과세요건을 규정하고 있다. 이러한 규정은 오늘날과 같이 경제활동이 더욱 전문화되고 그 양태도 천태만상으로 다양하게 발생하고 있어 이들의 경제활동을 망라하여 세법으로 규정한다고 하는 것은 현실적으로 가능하지 않다. 세법에서 무리하게 규정하더라도 거래 당사자가 그 거래형식을 변형하여 조세 회피 혹은 탈세로 이어질 수 있어서 조세법률주의가 오히려 탈세의 수단으로 악용되기도 한다.

납세자가 선택하는 절세는 조세법규에서 예정한 바에 따라 합법적인 수단으로 조세 부담의 감소를 도모하는 행위이다. 이와는 달리 탈세는 세법에서 정하는 과세요건 사실이 존재하여 세금을 납부해야 함에도 국가가 세금징수권을 행사할 수 없도록 불법적인 방법을 사용하는 행위를 말한다.

탈세와 유사한 개념으로 조세회피행위는 납세자가 경제인의 합리적인 거래형식에 의하지 아니하고 우회 행위, 다단계적 행위, 기타 비정상적인 거래형식을 취함으로써 통상적인 행위 형식에 의한 것과 동일한 경제적 목적을 달성하면서 조세의 부담을 부당하게 감소시키는 행위를 말한다.

탈세나 조세회피행위는 유사한 것 같지만 탈세는 조세를 회피하기 위한 불법적인 행위에 대해 형사처벌제도를 통한 처벌이 가능하다. 반면에 조세회피행위는 세법에서 조세 절감을 용인해 주는 것은 아니지만 그 행위 자체는 형사처벌의 대상은 아니다.

세법에서는 조세회피를 방지하기 위해 실질과세원칙이 추구하는 조세평등주의에 그 근거하여 조세회피방지규정을 두고 있다. 조세회피방지규정은 일반적인 규정과 개별적인 규정으로 구분할 수 있는데, 일반적인 규정은 국세기본법 제14조 제3항에서 "제3자를 통한 간접적인 방법이나 2 이상의 행위 또는 거래를 거치는 방법으로 세법의 혜택을 부당하게 받기 위한 것으로 인정되는 경우에 그 경제적 실질 내용에 따라 과세하겠다는 실질과세원칙이 있고, 개별적인 조세회피방지규정은 소득세법, 법인세법 등의 각 세법에서 부당행위계산의 부인 규정을 두고 있다.

▌'김완일 컨설팅 Team'의 절세조언

사업자가 재화나 용역을 거래할 때, 부동산을 취득하거나 처분할 때, 자녀에게 재산을 이전하려고 할 때 세금도 거래의 비용으로 취급되어 최소의 비용이 발생하는 절세의 방법을 찾게 된다.

이때 절세를 명분으로 찾는 탈세는 가장행위를 통하여 이루어지기도 하는데, 가장행위는 민법상 무효에 해당한다. 반면에, 조세회피행위는 민법상 유효한 행위를 전제로 한다는 점에서 차이가 있다. 조세회피행위는 납세의무 자체가 성립하지 않거나 양적으로 경감되기도 하고, 납세의무가 이연되기도 하므로 반드시 세금이 추징되는 것은 아니다.

납세자가 경제활동을 할 때 동일한 경제적 목적을 달성하기 위해 여러 가지 법률관계 중 하나를 선택할 수 있으므로 그것이 가장행위에 해당한다고 볼 특별한 사정이 없는 이상 납세자가 경제적 활동을 선택할 수 있다. 따라서, 납세자의 경제적 활동에 대해 적극적으로 절세의 방법을 선택할 때는 조세회피방지규정에 저촉되는지를 명확히 하고, 이것을 명확하게 하기 위해서는 반드시 사실관계의 확정과 관련 세법에 대한 충분한 검토가 전제되어야 한다.

조세회피방지규정과 관련하여 판례에서는 "납세의무자가 경제활동을 할 때 동일한 경제적 목적을 달성하기 위해 여러 가지 법률관계 중 하나를 선택할 수 있고 과세관청으로서는 특별한 사정이 없는 한 당사자들이 선택한 법률관계를 존중해야 하며, 여러 단계의 거래를 거친 후 결과에는 손실 등의 위험 부담에 대한 보상뿐만 아니라 외부적인 요인이나 행위 등이 개입됐을 수 있으므로 그 여러 단계의 거래를 거친 후의 결과만을 가지고 그 실질이 하나의 행위 또는 거래라고 쉽게 단정해 과세대상으로 삼아서는 아니된다"고 판시하고 있다.

이러한 판례를 고려하면, 여러 가지의 단계적 거래, 우회적 거래를 한 것이 반드시 조세회피행위로 단정할 수 없다. 다만, 최근에 교차증여 과세사례, 회사를 분할과 영업의 양도, 일감을 몰아준 다음 흡수합병하는 일련의 거래(우회거래)를 한 것에 대해 조세회피행위에 해당된다고 처분청의 손을 들어준 판례를 주목할 필요가 있다.

컨설팅을 하다보면, 많은 유혹을 받게 된다.

이는 경계선 근처에서 세금이 줄어들기 때문이다. 그 경계선은 주관적인 선으로, 때로는 넘었지만 자신이 넘는 줄 모를 때도 있고, 경험이 부족해 넘어버리기도 한다. 고객과 오래 함께 하기 위해서는 신중하게 행동해야 한다. 그러나 위험과 안전 사이에서 고객이 억울함으로 느끼지 않도록 안내해야 한다.

02
통장에서 돈을 뺀다고 상속세 줄일 수 있나?

김완일의
컨설팅수업

02
통장에서 돈을 뺀다고 상속세 줄일 수 있나?

솔직히 말씀드리면, 상속재산이 많으면 상속세를 많이 내는 게 당연하다고 생각해왔습니다. 그런데 주변을 보니, 중병으로 상속이 예상될 때 상속세를 줄이기 위해 재산을 처분하거나 예금을 인출하고, 심지어 채무를 만들기도 하더군요. 저도 상속이 예상되는 경우에 상속세를 절세하려면 어떻게 준비해야 하는지 알고 싶습니다.

▌상속세 절세 오해

상속세 과세방식을 잘 모르는 일부 사람들은, 피상속인이 사망하기 전 재산을 처분하거나 대출을 통해 채무를 증가시키면 상속세 부담을 줄일 수 있다고 생각한다. 이에 따라, 피상속인 생전에 통장에서 예금을 인출하거나 재산을 처분, 그리고 현금을 자녀에게 증여하는 등의 방법으로 자산 규모를 줄이려는 시도가 있었다.

그러나 우리나라는 상속세나 증여세 납부를 위한 납세자의 자진신고에도 불구하고, 정부의 결정에 의해 납세의무가 확정되는 정부부과과세제도를 채택하고 있다. 피상속인 사망 후 상속인은 6개월 이내에 상속세 신고를 해야 하며, 납세자의 신고내용에 대해 세무당국의 조사 후 상속세액이 결정된다.

세무당국은 상속세 결정 시 피상속인이 사망하기 전 일정 금액 이상의 재산을 처분하거나 채무를 부담한 경우, 상속인에게 그 처분가액이나 채무부담액의 사용처를 입증하도록 요구한다. 상속인이 사용처를 입증하지 못한 금액은 상속받은 것으로 추정해 상속세과세가액에 포함한다. 따라서 피상속인의 재산을 처분해 현금이나 골드바 등으로 보유한다고 해서 세금을 줄일 수 있는 것은 아니다.

상속세는 원칙적으로 생전에 증여한 재산가액을 합산해 과세한다. 상속세와 증여세는 재산의 무상 이전에 대해 과세하는 세목으로, 서로 보완적 관계에 있어 10년 이내 증여재산은 합산 과세한다. 상속세 과세 시에는 상속개시일 전 10년 이내에 증여한 재산가액도 합산 과세한다.

이 과세 원칙에 따라 상속세 조사 시 재산 처분내용과 예금인출 내용을 조사하고, 10년 이내의 통장 거래내용을 조회해 상속인에게 사용처를 밝히도록 요구한다. 상속인이 해당 거래내용의 용도를 명확히 밝히지 못할 경우, 해당 금액은 상속세 과세대상으로 간주될 수 있어 복잡한 상황에 처할 수 있다. 특히, 특정 자녀에게 재산이 이전된 것이 확인될 경우, 형제자매 간의 분쟁으로 이어질 수 있고, 피상속인의 생전 경제활동에 대한 세부 정보가 공개될 수 있다. 상속 발생 시 자녀들은 부모의 사망에 따른 슬픔 이외에도, 재산 분할, 상속세 납부, 세무조사 등 다양한 과정에서 어려움을 겪게 된다.

상속세는 일반인 사이에서 흔히 발생하는 세금이 아니라, 조사받는 일이 드물어 잘 알려지지 않았다. 상속세 조사를 받아본 사람들은 종종 그 경험을 '기가 막히다'고 표현한다. 최근 수도권에서는 집 한 채만 소유해도 상속세를 내야 하는 상황이라, 과거에 비해 상속재산의 규모가 작은 경우 예금 입출금 내역을 간단히 조사하는 추세로 변화했다. 과거에는 상속재산가액이 적어도 세액에 큰 영향을 미치지 않는 소액 거래까지 철저히 조사해 상속인들을 분개하게 만든 경우가 있었지만, 최근에는 조사가 대폭 완화되어 많은 이들이 이를 다행스럽고 감사하게 여긴다. 상속개시 전 처분재산의 사용처 규명과 관련한 상속추정에 대한 과세원리와 컨설팅 방법에 대해 간략하게 정리한다.

■ 상속개시일 전 처분재산의 상속추정

피상속인이 사망하기 전 재산을 처분하거나 예금을 인출하는 것은 보유 재산 감소를 의미한다. 이는 피상속인이 생전에 재산을 처분하거나 예금을 인출한 것이 사용처를 확인할 수 없을 때, 다른 사람에게 사전 증여했을 가능성을 추정할 수 있게 한다. 상속세 과세 원칙에 따라, 상속개시일 전 10년 이내에 증여한 재산가액은 상속세 과세 시 합산하여 과세한다. 따라서 일정 기간 내 재산 처분이나 인출에 대한 규명이 필요하다.

이에 따라, 피상속인이 처분한 금액이나 인출한 금액을 재산 종류별로 계산해 상속개시일 전 1년 이내 2억 원 이상, 2년 이내 5억 원 이상인 경우, 해당 재산 처분금액 또는 인출한 금액에 대한 사용 내역을 납세자가 밝히도록 요구하고 있다. 이 기준은 "현금 · 예금 및 유가증권", "부동산 및 부동산에 관한 권리", "그밖의 재산"으로 구분해 판단한다. 이 금액 기준은 피상속인이 재산을 처분한 경우, 그 처분가액 중 상속개시일 전 1년 이내 또는 2년 이내에 실제로 수입한 금액을 기준으로 한다. 금전 등의 재산에 대해서는, 통장이나 위탁자 계좌 등을 통해 인출한 금전 등을 기준으로 판단한다.

재산의 처분과 달리 피상속인이 생전에 채무를 부담한 경우, 그 채무의 사용처는 국가·지방자치단체 또는 금융회사 등에게 부담한 채무와 그 외의 채무자에게 부담한 채무로 구분하여 규명한다. 피상속인이 국가·지방자치단체·금융회사 등에게 부담한 채무의 합계가 상속개시일 전 1년 이내에 2억원 이상, 2년 이내에 5억원 이상인 경우, 그리고 그 용도가 객관적으로 명백하지 않은 경우, 이를 상속받은 것으로 추정하여 상속세 과세가액에 산입한다. 국가 등과 관련된 채무가 아닌, 그 밖의 사적인 채무에 대해서는 각종 증빙에 의해 상속인이 실제로 부담하는 사실이 확인되지 않아 상속인이 변제할 의무가 없는 것으로 추정되는 경우에는 이를 전액 상속세 과세가액에 산입한다.

현실적으로 상속인이 피상속인 생전에 사용한 재산의 사용처를 전액 밝히는 것은 쉽지 않다. 따라서, 세법에서는 피상속인이 재산을 처분하여 받은 금액이나 피상속인의 재산에서 인출한 금전 등 또는 채무를 부담하고 받은 금액의 20% 또는 2억원 중 적은 금액 이하인 경우에는 정상적으로 규명된 것으로 보아 상속재산으로 추정하여 과세하지 않는다. 반면에 피상속인이 부담한 채무로서 국가·지방자치단체·금융회사 등과 같은 공적인 채무가 아닌 그밖의 채무에 대해서는 채무부담계약서, 채권자확인서, 담보설정 및 이자지급에 관한 증빙 등에 의해 상속인이 실제로 부담하는 사실이 확인되지 않아 상속인이 변제할 의무가 없는 것으로 추정되는 경우에는 이를 전액 상속세 과세가액에 산입한다.

▮ '김완일 컨설팅 Team'의 절세조언

피상속인의 상속개시일 전 처분한 재산 등에 대한 상속추정에서, 상속인은 피상속인의 생전에 처분한 재산 등의 사용처를 입증해야 하며, 용도가 객관적으로 명백하지 않은 경우, 이를 상속받은 것으로 추정되어 상속세가 부과된다. 이는 상속세 납세자에게 심적 부담을 준다.

처분한 재산 등에 대한 상속추정에서 사용처에 대한 입증책임은 원칙적으로 정부에 있으나, 상속개시일부터 1년 이내에 2억원, 2년 이내에 5억원 이상 사용한 경우에 한해 상속인에게 입증책임이 있다. 과세당국이 상속개시일 10년 전부터 2년 사이에 처분한 재산이나 채무액의 증가에 따른 재산을 상속세 과세가액에 포함시키려면, 과세당국이 입증해야 하므로 상속인은 크게 우려할 필요가 없다. 한가지 주의할 점은 상속이 발생한 시점 전후 6개월 동안은 부동산과 같이 시가(사례가)를 기준으로 재평가될 수 있는 자산을 처분하지 않음으로써, 상속추정 제도의 적용을 받지 않도록 주의해야 한다.

상속개시가 우려되는 경우, 상속개시일부터 1년 이내에 2억원, 2년 이내에 5억원 이상 사용한 재산의 처분이나 채무 증가와 관련한 증빙을 준비하고, 생활비나 병원비 지출 시 피상속인이 보유한 예금 등을 우선 사용하며, 사용에 따른 증빙을 철저히 보관하는 것이 절세 방법이다.

갑작스러운 상속개시에 당황해 재산을 서둘러 처분하거나 예금을 인출하는 것은 돌이킬 수 없는 상황으로 이어질 수 있으므로, 상속세 리스크에 대비해 평소 세무전문가와 소통하며 자문을 받는 것이 중요하다.

상속은 예상되는 경우가 대부분이지만, 우발적으로 발생하는 경우도 있다. 상속이 예상되는 경우에는 피상속인의 재산으로 생활비, 병원비 등을 사용하는 것이 절세의 지름길이다.

상속세 조사를 받을 때 상속재산의 사용처를 소명하지 못해서 억울한 세금을 냈다는 사람들이 이외로 많다.

억울한 세금을 냈다는 생각이 들지 않도록 병원비와 같은 비용의 지출과 처분 재산의 사용처 소명에 대해 소명할 수 있게 안내해야 한다.

03
배우자공제 30억이 5억으로 된 이유

김완일의
컨설팅수업

03
배우자공제 30억이 5억으로 된 이유

상속인들이 상속재산을 법정상속분대로 나누고, 최대 30억 원까지 공제받을 수 있는 배우자공제를 적용했는데, 나중에 국세청에서 상속세를 결정할 때는 5억 원만 공제해줬다는 사례를 들었습니다.
법정상속분대로 분할하는 것도 재산 분할의 한 방법인데, 왜 국세청에서는 재산 분할이 없었다고 보고 5억 원만 공제한 건지 이해하기 어렵습니다. 배우자공제를 최대한도로 받을 수 있는 방법에 대해 알고 싶습니다.

▌법정상속분 등기에 대한 배우자공제 적용 현황

세금이 부과될 때 그 이유를 설명하기 어렵거나, 설명해도 이해하지 못하는 경우가 있다. 이럴 때는 억울하지만 세금을 내야 하거나 법이 그렇다고 설명하는 상황이 생긴다. 상속세를 계산할 때, 상속재산을 법정상속분대로 나눠서 등기했는데도 상속재산을 나누지 않은 것처럼 세금을 매기는 경우가 있다.

상속세를 과세할 때 배우자가 실제 상속받은 금액을 일정 한도 내에서 상속세 과세가액에서 공제하도록 허용하는 배우자상속공제가 있다. 이 공제는 배우자 간 상속이 세대 간 이전이 아니고 수평적 이전이므로 상속재산 중 일정 비율까지는 과세를 유보한 후 잔존배우자 사망 시 과세하도록 하는 이른바 '1세대 1회 과세원칙'과 잔존배우자의 상속재산에 대한 기여인정 및 생활보장을 위한다는 것이 그 이유다.

배우자공제는 '배우자 상속재산 분할기한' 이내에 상속부동산에 대해 협의 분할등기를 하지 않고 단순한 법정상속분에 따른 소유권 이전등기를 한 경우에는, 납세자가 신고한 배우자상속공제를 적용하지 않고 최소한 공제하는 5억원만 공제하고 상속세를 결정한다. 이러한 결정 동향에 대한 정보가 없어 상속세가 추징된 경우, 이를 추징받은 납세자들은 참으로 어이없는 과세를 당하고, 이를 대행한 세무대리인들도 어이가 없어 한다.

헌법재판소에서 상속재산의 분할에 대한 신고기한을 둔 이유는, 상속개시 후 배우자상속재산 분할기한 내에 배우자 앞으로 실제 상속재산분할이 완료되어야 배우자상속공제를 허용하는 데 있다. 이는 상속재산을 미리 배우자에게 상속공제를 받은 다음, 자녀에게 재산을 이전하는 방법으로 부를 무상이전하려는 시도를 방지하고, 상속세에 관한 법률관계를 빨리 확정하기 위해서다.

실제 세법에서는 상속개시 후 상속재산에 대하여 등기 · 등록 · 명의개서 등에 의하여 각 상속인의 상속분이 확정되어 등기 등이 된 후 그 상속재산에 대하여 공동상속인 사이의 협의에 의한 분할에 의하여 특정상속인이 당초 상속분을 초과하여 취득하는 재산가액은 해당 분할에 의하여 상속분이 감소된 상속인으로부터 증여받은 재산에 포함하여 증여세를 과세하도록 하고 있어 헌재의 결정내용과는 다르다.

세금을 부과할 때 조세법률주의의 원칙상 과세요건이거나 비과세요건 또는 조세감면요건을 막론하고 조세법규의 해석은 특별한 사정이 없는 한 법문대로 해석할 것이고, 합리적 이유 없이 확장해석하거나 유추해석하는 것은 허용되지 않는다. 그러나 법규 상호 간의 해석을 통하여 그 의미를 명백히 할 필요가 있는 경우에는 조세법률주의가 지향하는 법적 안정성 및 예측가능성을 해치지 않는 범위 내에서 입법 취지 및 목적 등을 고려한 합목적적 해석을 하는 것이 허용된다는 것이 대법원의 확립된 판례다.

이에 따라 상속세를 결정할 때 배우자공제와 관련하여 법정상속분으로 등기한 경우에 대한 과세와 주의사항, 컨설팅 방안에 대해 간략하게 정리한다.

▮ 배우자공제의 요건

배우자공제는 상속인이 '배우자 상속재산 분할기한'인 '상속세 과세표준 신고기한'의 다음날부터 9개월이 되는 날까지 배우자의 상속재산을 분할등기 등을 하고, 상속인은 상속재산의 분할 사실을 '배우자 상속재산 분할기한'까지 납세지 관할세무서장에게 신고해야 한다. 이러한 규정은 상속세 결정기한 전에 분할등기를 하고 세무서에 신고하면 가능하다는 의미다.

상속재산의 분할은 공동상속의 경우 상속이 개시되면 상속재산은 일단 공동상속인이 공유하는 상태가 된다. 상속이 개시되어 공동상속인 사이에 잠정적 공유가 된 상속재산에 대해 그 전부 또는 일부를 각 상속인의 단독소유로 하거나 새로운 공유관계로 이행시킴으로써 상속재산의 귀속을 확정시키는 절차이다.

민법에서는 분할방법에 관해 유언에 의한 지정분할, 협의분할,

심판분할을 규정하고 있다. 피상속인은 유언으로 상속재산의 분할방법을 정하거나 이를 정할 것을 제삼자에게 위탁할 수 있고, 유언에 의한 분할지정이나 분할금지가 없는 경우에는 공동상속인은 언제든지 그 협의에 의해 상속재산을 분할할 수 있다. 협의분할의 경우에는 반드시 법정상속분에 따라 분할해야 하는 것은 아니다. 공동상속인들은 이미 이루어진 상속재산 분할 협의의 전부 또는 일부를 전원의 합의로 해제한 다음 다시 새로운 분할 협의를 할 수 있고, 공동상속인 간에 분할에 관한 협의가 성립되지 않거나 협의를 할 수 없는 경우에는 가정법원의 심판에 의해 분할한다.

법정상속분에 따른 상속재산의 분할에 대해서는 별도로 규정하고 있지 않으나, 법정상속분에 따른 상속재산의 분할도 가능하므로 법정상속분에 따른 상속재산의 분할도 상속재산의 분할에 해당한다. 이 경우에 배우자 상속공제를 받기 위해서는 반드시 상속인들 간에 협의분할을 하고 그에 따른 상속등기를 해야만 하는지, 아니면 협의분할이 아니라 법정상속에 따른 상속등기를 한 경우도 포함되는지에 대해 문제가 되고 있다.

조세심판원은 협의분할에 따른 상속등기를 한 경우에만 배우자 상속공제를 받을 수 있고, 법정상속분에 따른 상속등기는 요건을 충족하지 못한다고 결정하고 있다. 대법원에서도 거주자의 사망으로 인해 배우자가 실제 상속받은 금액은 '상속세과세가액'에서 공제하되, 이와 같은 공제는 단순한 법정상속분에 따른 소유권이전등기만으로는 부족하고, 추후 별도의 협의분할 등에 의한 배우자의 실제 상속받은 금액의 변동이 없도록 '상속재산을 분할하여 배우자 상속재산 분할기한까지 배우자의 상속재산'을 신고한 경우에 한하여 적용되는 것이 타당하다고 판시하고 있다.

▌'김완일 컨설팅 Team'의 절세조언

우리나라 상속세 과세 유형은 피상속인을 기준으로 과세하므로, 상속인 각자의 지분으로 분할하기 전의 유산총액을 과세베이스(tax base)로 하여 누진세율을 적용한다. 이러한 과세 방식에 따라 상속세는 유산총액에서 상속공제등을 하여 세액 산출의 기준이 되는 과세표준에 세율을 적용하여 상속세가 계산된다.

상속세의 절세 방법으로 상속공제 중에는 배우자공제가 가장 많이 활용된다. 배우자공제는 배우자 간 상속이 세대 간 이전이 아니고 수평적 이전이므로 상속재산 중 일정 비율까지는 과세를 유보한 후 잔존배우자 사망 시 과세하도록 하는 것이 기본적인 취지다. 배우자공제는 유산총액에서 공제할 때는 공동으로 적용되지만, 이를 반영해 계산된 상속세는 상속재산 중 각자가 받았거나 받을 재산의 점유 비율에 따라 납부하되, 연대납부의무가 있어 공동상속인 중 상속받은 재산의 범위 내에서 다른 상속인의 상속세를 납부할 수도 있다.

이 경우에 배우자가 받은 상속재산의 범위 내에서 다른 자녀 등의 상속인이 납부할 상속세를 대신 납부하더라도 증여세가 과세되지 않으므로 민법상의 법정상속분의 범위 내에서 30억원 한도의 배우자공제를 활용하게 된다. 생존 배우자는 상속세 납부가 편리한 유동성 있는 상속재산을 분할 받아서 상속세를 납부하는 것이 효과적이다. 다만, 상속재산의 분할은 앞에서 설명한 바와 같이 법정상속분으로 상속등기를 하면 배우자공제의 최소한인 5억원으로 결정하므로 협의분할 방식으로 등기하는 것이 필요하다.

전문가는 늘 정신을 바짝 차리고 업무를 해야 한다. 앞서 설명한 경우처럼 배우자공제를 30억으로 신고했는데 5억만 공제되면 어떻게 될까? 이와 유사한 함정은 다양한 곳에 있다. 사태가 벌어지고 나면 대부분 심각하고 되돌리기 어렵다. 불복청구를 떠나 고객은 전문가를 상대로 다양한 법적 조치도 불사할 것이다. 이러한 불합리한 상황을 피하려면 크로스 체크를 하고, 전 과정을 다시 한번 의심하며 돌아보는 Red Team의 존재와 체계적인 프로세스가 확립되어야 한다.

법원에서는 거주자의 사망으로 인해 배우자가 실제 상속받은 금액은 '상속세과세가액'에서 공제하되, 배우자공제는 단순한 법정상속분에 따른 소유권이전등기만으로는 부족하고, 추후 별도의 협의분할 등에 의한 배우자의 실제 상속받은 금액의 변동이 없도록 '상속재산을 분할하여 배우자 상속재산 분할기한까지 배우자의 상속재산'을 신고한 경우에 한하여 적용되는 것으로 판시하였다.

배우자공제를 최대한 공제받고, 그 재산으로 다른 자녀들의 상속세를 납부하면 효과적인 절세 수단이 되지만 재산의 분할은 법정분할을 하지 말고 반드시 협의분할을 통해 등기하도록 안내해야 한다.

04

상속세의 함정…
5억원 공제 믿고 상속 포기 큰 코 다친다

김완일의
컨설팅수업

04

절세를 가장한 탈세, 그리고 '절세 컨설팅'

거주자가 사망하면 민법에 따라 상속인이 결정되고, 선순위 상속인이 있으면 그 다음 순위의 사람들은 상속인이 되지 않는다고 알고 있습니다. 자녀가 연로한 부모보다 먼저 세상을 떠나 부모가 상속인이 되는 경우, 다른 형제자매들은 상속인이 되지 않더군요.

이런 상황에서 상속포기를 묘수라고 생각해 했더니, 상속공제를 받지 못해 예상치 못한 상속세를 내게 되었다는 이야기를 들었습니다. 상속포기를 할 때 어떤 점을 주의해야 하는지 알고 싶습니다.

▌상속공제 적용 동향

최근 우리 사회는 저출생 고령화 사회로 진행되고 있고, 젊은 사람들 중에는 결혼을 하지 않고 비혼으로 사는 경우도 많다. 결혼을 하지 않고 살다가 사망하여 상속이 발생한 경우에도 상속세 납부의무는 발생한다. 결혼을 하지 않아 배우자가 없으면 자녀도 없게 되므로 부모가 상속인이 되고, 부모가 상속을 포기하면 그 다음 상속 순서는 형제자매가 될 수 있다.

이런 경우, 부동산과 같은 상속재산을 부모가 상속받게 되면 상속등기 시 취득세를 내야 하고, 상속세도 납부해야 한다. 더 나아가 부모가 나이가 많아 그 재산을 처분하지 않고 보존하다가 사망하면 새로운 상속이 발생해 절차도 번거롭고 새로운 세금을 내야 한다.

이 때문에 의심 없이 유언을 통해 다른 친족에게 유증하거나 상속포기를 통해 다른 형제자매가 재산을 상속받도록 권장하게 된다. 상속세의 경우 배우자가 있는 경우에는 10억원까지 상속세가 과세되지 않고, 배우자가 없는 경우에는 5억원까지 일괄공제를 받을 수 있어 그 범위 내의 상속재산에 대해서는 상속세가 과세되지 않을 것으로 판단되기 때문이다.

그러나 부모가 상속을 포기하면 상속인은 다음 순서에 해당하는 피상속인의 형제자매가 되고, 상속세를 신고할 때 일괄공제 5억원을 적용하여 신고하면, 국세청은 상속세 결정을 할 때 일괄공제한 5억원을 부인하고 결정한다. 이런 경우에 조세전문가조차 당황할 수밖에 없다.

상속공제를 부인하는 이유는 상속세를 계산할 때 상속공제는 일정한 한도를 설정하고 있기 때문이다. 현행 상속세 제도는 피상속인의 사망으로 상속이 개시된 경우, 피상속인의 상속재산의 총액을 과세베이스로 하여 기초공제, 기타 인적공제, 일괄공제, 배우자상속공제, 금융재산상속공제 등 각종 상속공제를 하고 상속세 과세표준에 세율을 적용하여 상속세 납부세액을 계산한다.

이러한 상속공제는 갑작스런 사망으로 상속인들이 경제적 어려움을 겪을 수 있으므로 상속인들의 생활 안정을 위해 일정한 금액의 범위 내에서 공제할 수 있게 하고 있다. 이에 따라 상속인의 적용과 상속공제의 종합 한도, 그리고 상속공제를 할 때 주의할 점 및 컨설팅 요령에 대해 간략하게 정리한다.

■ 상속 순위와 상속포기에 따른 상속공제 한도 축소

우리 민법에서는 상속의 순위를 정하고 있다. 상속의 순위는 피상속인의 직계비속을 1순위 상속인으로 하고, 그 다음은 직계존속, 형제자매, 4촌 이내의 방계혈족 및 배우자로 규정하고 있다.

이러한 법정순위에 따라 상속인이 결정되면 그 이후의 순위에 해당되는 사람은 상속인에 해당하지 않는다.

1순위 상속인의 경우 '직계비속'은 자녀뿐만 아니라 손자, 손녀, 증손자 등을 포함한다. 이 경우에 상속인이 여러 명인 경우에는 최근친을 선순위로 한다. 예를 들어, 부모의 직계비속에 있어 가장 근친인 자녀가 상속인이 되고, 자녀가 여러 명인 경우에는 공동상속인이 되며, 태아는 상속순위에 관하여는 이미 출생한 것으로 본다.

그 다음으로 2순위 상속인은 '직계존속'이다. 직계존속은 부모, 조부모, 증조부모 등이 해당하지만 가장 가까운 최근친, 즉 부모가 우선 적용된다. 그 다음으로는 피상속인의 형제자매가 3순위, 4촌 이내의 방계혈족은 4순위로 정해지며, 배우자는 피상속인의 직계비속 또는 직계존속과 동일한 순위를 가진다.
민법에서 정하는 방법에 따라 선순위 상속인이 결정되지만, 상속인이 상속을 포기한 경우에는 그 다음 순위의 상속인이 재산을 상속받게 된다. 예를 들어, 배우자와 자녀가 없는 상태에서 선순위인 부모가 상속을 포기하면 그 순위는 형제자매가 된다.

상속 순위에 따라 재산상속이 이루어진 경우 상속세를 과세할 때는 상속 포기나 유증 등으로 상속받은 재산의 가액에 대해서는 상속공제를 하지 않는다. 그 이유는 선순위 상속인은 피상속인과 생계를 같이 하며 피상속인으로부터 실질적으로 부양을 받았을 가능성이 상대적으로 크기 때문에, 피상속인이 사망한 이후 생활 안정 내지 생계 유지를 위하여 상속세 부담을 완화할 필요성이 크다. 반면에, 후순위 상속인은 상속세 부담 완화의 필요성이 선순위 상속인에 비해 상대적으로 덜하다.

이 때문에 2017년부터 상속세 과세가액에서 공제하는 기초공제, 배우자 상속공제, 그 밖의 인적공제, 일괄공제 등의 상속공제를 할 때, 선순위 상속인이 아닌 자에게 유증 또는 사인증여를 하거나 상속포기로 그 다음 순위의 상속인이 상속받은 재산의 가액은 제외하도록 하고 있다. 예를 들어, 자녀가 결혼하지 않은 상태에서 10억원의 상속재산을 남긴 상태에서 사망한 경우 피상속인의 부모가 상속을 포기하고 그 다음 상속인에 해당하는 피상속인의 형제자매가 상속을 받게 되면, 이 경우 상속세 과세가액에서 공제하는 상속공제의 한도액은 0원이다.

또한, 상속세과세가액에 가산한 증여재산가액(증여재산공제 및 혼인·출산 증여재산 공제, 재해손실공제를 받은 금액이 있으면 그 증여재산가액에서 그 공제받은 금액을 뺀 가액)도 상속세 과세가액에서 제외한다. 사전증여재산가액을 제외하는 것은 상속세 과세가액이 5억원을 초과하는 경우에 한한다. 이는 사전증여 없이 상속한 경우 과세가액 5억 이하는 상속공제를 통해 세액부담이 없기 때문에, 사전증여를 한 경우와 하지 않은 경우의 과세 불평등을 완화하기 위함이다.

▌'김완일 컨설팅 Team'의 절세조언

정부는 재산의 무상이전을 엄격히 과세하기 위해 다방면에서 제도를 보완하고 있으며, 납세자들은 이러한 세금을 피하기 위해 다양한 절세 방안을 모색하고 있다.

증여세의 경우 2004년부터 증여세완전포괄주의제도를 도입하면서 증여의 개념을 법률로 규정하고, 이에 해당하는 경우 증여세를 과세하고 있다. 상속세의 경우에도 과세의 형평성을 고려하여 다양한 분야에서 보완 입법을 진행하고 있다. 상속공제의 경우에도 과세의 형평성을 고려하여 한도액을 설정하고, 손자 손녀 등과 같이 세대를 건너뛴 상속의 경우에는 30% 또는 40% 할증과세를 하고 있다.

결혼을 하지 않아 배우자와 자녀가 없는 상태에서 상속이 발생할 경우, 그의 부모가 상속인이 될 때 유증이나 상속포기 등으로 후순위 상속인이 상속받는 경우에는 상속공제를 할 때 신중한 판단이 필요하다.

이러한 판단은 피상속인의 부모의 재산 상태나 건강 상태 등을 고려해야 한다. 부모의 재산이 많지 않은 경우에는 민법에서 정하는 상속 순위에 따라 부모가 상속을 받고, 추후 상속이 발생하면 자녀에게 상속하는 것이 바람직하다. 부모의 재산이 많은 경우에는 추후 상속재산에 가산되는 점을 고려하여 상속포기 등을 선택할 수 있다. 상속세의 납부의무는 다양한 예외가 있으므로 복합적인 사정을 고려해 해야한다.

상속 계획을 세울 때는 이러한 규정을 충분히 이해하고, 각자의 상황에 맞는 전략을 세우는 것이 중요하다. 상속세 부담을 줄이기 위해 무작정 상속포기를 선택하는 것은 위험할 수 있다. 상속세 공제와 관련된 규정을 꼼꼼히 살펴보고, 전문가의 조언을 받아 전략을 수립하는 것이 필요하다. 특히, 선순위 상속인이 상속을 포기할 경우 공제한도 축소가 발생할 수 있으므로, 이를 고려한 신중한 판단이 필요하다.

상속세를 계산할 때 상속세 과세가액에서 기초공제, 배우자 공제 등의 상속공제를 하고 계산하지만, 상속공제의 한도액을 계산할 때는 상속 포기한 재산가액은 상속세과세가액에서 빼고 계산하도록 하고 있다. 연로한 부모보다 자녀가 먼저 사망하고 부모가 1순위 상속인이 되는 경우에도 상속공제를 고려해서 상속포기를 심각하게 고민해야 한다.

05
'설계도 없는' 가업상속공제는 사상누각이다

김완일의
컨설팅수업

05

'설계도 없는' 가업상속공제는 사상누각이다

정부가 가업상속을 지원한다고 매년 연말마다 세법 개정을 한다는 보도를 접하고 있습니다. 사업가 단체들은 더 많은 지원이 필요하다고 주장하고 있고요. 그런데 제 주변의 많은 세무사들이 가업상속 컨설팅을 한다고 하지만, 국세통계를 보면 실제로 적용된 사례는 많지 않은 것 같습니다.

정부가 적극적으로 지원하고 있는 가업상속공제의 실제 적용 추이와, 진정한 납세자를 위한 효과적인 가업상속 컨설팅 방안이 무엇인지 알고 싶습니다.

■ 상속세 과세 추이와 가업상속공제 적용 동향

최근 국세청 보도자료를 보면, 2023년에 가업을 승계하고 상속세를 공제받은 기업은 2022년(147개)에 비해 27.9% 증가한 188개로 제도 시행 이후 가장 많은 기업이 혜택을 받았고, 공제받은 금액은 총 8,378억 원으로 2022년(3,430억 원)에 비해 약 2.4배 증가한 것으로 확인되었다.

이러한 증가 추세는 가업상속공제의 공제금액이 2023년부터는 가업영위기간이 30년 이상인 경우에는 600억 원까지 공제하는 것으로 확대하고, 사후관리기간도 2020년부터는 10년에서 7년으로, 2023년부터는 5년으로 완화한 것이 가장 큰 원인이라고 생각된다. 가업상속공제의 혜택을 받은 납세자의 평균액은 2022년에는 23억 원이던 것이 2023년에는 44억 원으로 대폭 늘어났다. 이러한 증가 추세에 대해 국세청에서는 2022년부터 가업승계를 희망하는 우수 중소기업이 명문 장수기업으로 성장할 수 있도록 '가업승계 세무컨설팅'을 실시하는 등 적극적으로 가업승계를 지원하는 것에 원인이 있다고 발표했다.

상속세 신고 건수는 2023년에는 18,282명으로서, 사망자 수 352,700명을 고려하면 사망자의 5.2%에 상당하는 납세자가 상속세를 신고한 것으로 확인되었고, 그 신고 인원 중에는 절반에 상당하는 납세자의 재산가액은 10억 원에서 20억 원 사이에 있으며, 상속재산가액이 500억 원을 초과하는 구간에 있는 납세자의 신고 인원은 29명인 것으로 확인되었다.

국세청 보도내용과 맞물려 최근 대통령실에서도 세계 최고 수준인 상속세 최고 세율을 경제협력개발기구(OECD) 평균이 26% 내외로 추산되기 때문에 일단 30% 내외까지 인하가 필요하다는 발표를 했다. 그동안 미국 등 다른 나라들은 물가 상승에 따라 상속세 공제 한도를 높여온 반면, 우리나라는 1997년부터 28년째 그대로여서, 이러한 실정에 따라 현행 10억 원인 상속세 공제 한도를 높여야 한다고 했다.

이를 뒷받침하는 것이 2023년에 상속세 신고 인원 중에 상속재산가액이 10억 원~20억 원 사이의 인원이 절반에 가깝고, 서울에서 집 한 채만 남기고 사망하는 경우에 상속세 신고 대상에 해당하고 그 인원이 절반에 가깝다니 놀라운 일이다. 이러한 실태는 1997년 상속세를 개정할 때는 사망자의 1.15%가 상속세 납부의무가 있었는데 반해, 2023년에는 사망자의 5.2%에 상당하는 납세자가 상속세를 납부하게 되어 4.5배로 늘어난 것에서 알 수 있다. 이러한 실태를 고려하여 대통령실의 상속세 과세를 완화하겠다는 발표를 계기로 주변뿐만 아니라 조세전문가들도 상속세 과세제도에 대해 변화가 있을지 많은 관심을 보이고 있다.

특히, 기업을 경영하는 납세자들도 상속세제 개편에 많은 관심을 가지면서 가업승계를 해야 할지, 회사를 처분하여 금전으로 이전할지에 대해 상담을 하고 있다. 이에 따라 가업상속과 관련한 지원의 내용과 동향, 그리고 컨설팅 방안에 대해 정리하고자 한다.

▌가업상속공제 지원과 확대

가업상속공제제도는 상속인이 과도한 상속세 부담으로 인해 피상속인이 생전에 영위하던 가업의 상속을 포기하는 것을 방지하여 경제의 근간이 되는 중소기업 등의 원활한 승계를 지원하고, 이를 통해 경제발전과 고용유지의 효과를 도모하기 위해 도입된 제도다.

기술·경영 노하우의 효율적인 활용 및 전수를 위해 중소기업의 가업승계에 대한 지원을 확대할 필요가 있어 2008년부터 피상속인이 15년 이상 경영하던 중소기업을 상속하는 경우 종전에 상속세 과세가액에서 1억 원까지 공제하던 것을 30억 원까지 공제하도록 그 공제 한도를 대폭 확대하고, 매년 세법 개정을 통해 그 공제금액을 상향시켰으며, 가업상속공제 요건도 완화해 왔다.

그동안 가업상속공제에 대한 지원의 확대와 규제 완화를 위해 다양한 내용을 개선했으며, 그 내용을 살펴보면, 2014년부터는 피상속인의 가업 영위 기간 중 대표이사 재직기간을 완화하기도 했고, 가업상속공제의 지원 범위를 확대하는 대신 피상속인 보유 단계에서 발생한 자본이득에 대해 한 푼도 과세하지 않는 점을 고려하여 양도소득세를 이월 과세하는 것으로 개정했다.

2018년부터는 전문성을 가진 장수기업의 기술과 경영 비법의 승계를 지원하는 가업상속제도의 취지와 과세의 형평 등을 고려하여, 종전에는 가업상속 시 상속세 과세가액에서 공제하는 한도를 300억 원으로 적용받기 위해서는 15년 이상, 500억 원으로 적용받기 위해서는 20년 이상 피상속인이 가업을 계속 경영해야 했으나 그 기간을 각각 20년 이상 및 30년 이상으로 조정했다.

한편, 2020년부터는 기업이 경제 환경 변화에 탄력적으로 대응할 수 있도록 사후관리기간을 7년으로 단축하고, 업종 유지·자산 유지·고용 유지 요건을 완화하는 등 사후관리 부담을 줄여 가업상속공제 활용도를 높였고, 탈세·회계 부정행위를 하는 경우에는 가업상속공제를 배제하여 가업상속공제 관련 기업인의 성실경영책임을 강화했다. 2023년부터는 가업상속공제 금액의 최대한도를 '500억 원'에서 '600억 원'으로 상향 조정했고, 가업상속공제를 받은 상속인이 일정 기간 가업에 종사해야 하는 등의 의무를 부담하는 사후관리기간을 5년으로 단축하고, 사후관리 기간동안 적용되는 가업용 자산의 처분 제한 기준, 정규직 근로자의 수와 총급여액 유지 기준 등을 완화했다.

이러한 지원 규모의 확대와 규제 완화를 하면서도 2014년부터 가업상속공제 대상기업에 매출액 3천억 원 미만 중견기업이 포함되는 것을 시작으로, 2020년부터는 중견기업에 대해서는 상속세 납부 능력의 검증을 위해 가업상속인의 가업상속재산 외의 상속재산이 해당 가업상속인이 납부하는 상속세액의 2배를 초과하는 경우에는 가업상속공제를 적용하지 않도록 보완하고, 2021년부터는 4천억 원 미만으로, 2023년부터는 '5천억 원 미만'으로 중견기업의 적용 범위를 확대했다.

그렇지만 가업상속공제 적용사례의 평균액이 2022년에 23억 원, 2023년에는 44억 원인 점을 고려하면, 중견기업에서 가업상속공제를 적용된 사례가 있었는지는 확인할 수는 없으나 그 적용금액으로 추정해보면, 공제를 적용받은 회사가 없는 것으로 봐도 무방할 것이다. 그럼에도 중견기업에 대한 가업승계나 가업상속의 적용 범위를 확대하는 입법이 있을 때마다 부자감세라는 비난을 받고 있어 실질적으로 도움이 필요한 중소기업 중심으로 거듭나기를 기대한다.

■ '김완일 컨설팅 Team'의 절세조언

가업승계나 가업상속에 대해서는 독일이나 일본의 제도를 벤치마킹해서 도입하고 오랜 기간 시행착오를 겪으며 다양한 보완이 있었다. 그동안 가업상속공제나 가업승계에 대한 증여세 과세특례에 대한 지원을 확대하고 규제를 완화하였음에도 적용된 사례는 많지 않았으나 공제금액을 최대 600억 원까지 확대하고, 사후관리기간을 5년으로 완화하면서 적용한 사례는 증가하고 있다.

이러한 지원에도 불구하고, 기업의 경영환경이 급변함에 따라 사후관리의 위험과 미래의 불확실성 등으로 적용을 망설이는 경우가 많이 있다. 특히, 최근에는 저출생 고령화 사회로 접어들면서 자녀 중 가업승계를 원하지 않는 경우도 많이 있어 친족 승계가 어려워지고 있다. 이에 대해 정부는 중소기업의 지속 경영을 위한 방안을 마련하기 위해 중소기업의 영속성을 유지하고 혁신 성장을 위해 중소기업 도약 전략을 마련하고자 2025년 상반기까지 현행 '가업' 승계(친족) 개념을 '기업' 승계로 용어를 변경하고, 승계 촉진을 위한 「중소기업승계특별법」을 제정하겠다고 발표하기도 하였다.

이러한 점으로 고려하여 가업승계 컨설팅을 기획하는 전문가들과 가업승계를 준비하는 기업인에게 다음 세 가지 조언을 드리고자 한다.

첫째, 가업승계 지원제도의 변화는 더 이상 기대하기 어렵다. 우리나라의 가업승계제도는 독일의 승계제도를 상당히 차용했으며, 노무현 정부 때 처음 도입된 시점에는 독일의 제도에 비해 많이 부족하고 흉내만 내는 수준이었다. 약 20년이 지난 지금은 독일의 혜택을 거의 다 가져왔다고 판단되며, 가업승계제도가 더 이상 개선될 것으로 기대하고 전략 수립 시간을 지연하는 것은 무리라고 본다. 한편, 친족 승계의 개념에서 기업 승계로의 대전환이 이루어진다면 기대해볼 만하다.

둘째, 계획이 계획대로 되지 않는다는 점을 고려해야 한다. 위험이란 모든 것을 대비하고도 대비되지 않은 것이 위험이다. 상황은 다양하다. 업종과 가업 영위 기간이 충족되지 못하는 경우도 있고, 대표이사 재직기간이 며칠 부족하거나, 뜻밖의 판단에 따라 업무 무관 자산이 폭등하기도 하고 늘 예상 밖의 상황이 생긴다. 심지어는 공동상속인이 갑자기 나타나기도 한다. 따라서 계획이 계획대로 되지 않을 것을 대비해 유동성과 백업을 준비해야 한다. 납세 재원의 준비는 늘 강조하고 싶다.

셋째, 설계도를 남겨야 한다. 이 부분이 필자가 가장 강조하고 싶은 부분이다. 가업승계의 실행은 그 계획을 수립하고 설계를 승인한 창업주가 사라진 후에 발생하는 상황이다. 그분이 사라진 후에 그분의 계획을 진행하는 것이다. 실제로 상황이 생기면 대부분 우왕좌왕한다. 따라서 핵심 계획서를 서류로 남길 것을 권하고 싶다. 설계도와 설계도를 설명하는 설명글이 꼭 필요하다. 유언장과는 다르게 사업과 관련한 지침과 의도 및 검토사항 등을 남길 필요가 있다. 선명한 기억보다 흐린 메모가 낫다. 오랜 시간 다양한 경험을 한 필자의 입장에서 조언 하고 싶다.

절세컨설팅을 하려면 납세자 입장에서 진행해야 한다. 가업상속공제는 절세효과가 큰 반면에, 일정한 요건을 충족해야 하고, 상속이 개시된 이후에는 5년간 사후관리가 필요하다.

가업상속은 창업주가 사라진 후에 발생하므로 그 계획을 수립하고 설계한 대로 실행할 수 있도록 세무사가 주도적으로 진행절차와 사후관리에 대해 설계도에 따라 실행될 수 있도록 안내해야 한다.

06

'금전 증여취소'하면 갈 때 증여세, 올 때도 증여세

김완일의
컨설팅수업

06
'금전 증여취소'하면 갈 때 증여세, 올 때도 증여세'

상장주식은 증여일 전후 2개월간의 평균액을 시가로 본다고 알고 있습니다. 그렇다면 증여 후 주가가 폭락했을 때, 증여를 취소하면 유리하지 않을까 생각해봤습니다.
또한 사정이 변경되면 증여계약을 취소할 수도 있을 것 같은데요.
이런 증여 취소에 대해 증여세는 어떻게 과세되는지, 그리고 증여 취소를 컨설팅 방안으로 활용할 때 주의해야 할 점이 무엇인지 알고 싶습니다.

▌증여와 증여취소 활용 동향

증권시장에서 주가가 크게 폭락했을 때, 일부 상장회사가 자녀에게 주식을 증여하는 사례가 많아졌다는 보도가 있었다. 주가 폭락 시점에 증여하는 것은 편법 증여로 볼 수 있다는 의견도 있었다. 그러나 이 증여 행위를 비난하기보다는 해당 회사 주식에 투자하는 것이 더 현명하다는 의견도 나왔다. 해당 기업의 현황을 잘 아는 입장에서 주가 상승을 확신하고 증여했다면, 그 주식을 취득하는 것이 현명한 투자일 수 있다.

한편, 주식을 증여한 후 주가가 하락하면 증여를 취소하고 증여받은 주식을 증여자에게 반환할 수 있다. 증여 후 3개월 이내에 증여받은 재산을 증여자에게 반환하는 경우 증여세가 부과되지 않는다. 따라서, 증여시점 보다 주가가 하락했을 때 기존증여를 취소하고 새로운 시점에 증여하면, 증여재산가액이 낮아질 수 있다.

상장주식의 평가방법은 증여일 전후 2개월간의 종가를 평균하여 산정한다. 이 방법으로 증여 후 주가가 상승하는 경우도 있지만, 하락하는 경우 당초 증여재산가액이 높게 평가될 수 있다. 절세 측면에서 보면, 당초 증여를 계약해제하고 증여 시기를 늦추면 증여재산가액을 낮출 수 있다.

세법에 따르면 증여 후 3개월 이내에 증여를 취소하면 당초 증여재산에 대해서는 증여세가 부과되지 않는다. 주식뿐만 아니라 부동산을 증여하는 경우도 마찬가지다.

현금을 증여했다가 증여재산공제에 착오가 생겨 세금이 발생하면, 돌연 증여를 취소하고 반환하기도 한다. 그러나 세법에서는 금전을 3개월 이내에 반환하는 경우 새로운 증여로 간주하여 증여세 납부 의무가 발생한다.

부동산을 취득하거나 전세금을 지원하기 위해 현금을 증여하는 경우에는, 현금은 세법상 3개월 이내에 반환하더라도 새로운 증여로 간주한다. 반면, 부동산 등 다른 재산의 경우에는 3개월 이내에 반환하면 증여세가 부과되지 않는다.

이러한 점을 고려하여 재산의 증여취소에 대해 정리하고, 이에 대한 과세 방법의 적용과 절세 컨설팅 전략을 간략하게 정리한다.

▮ 증여계약의 해제에 따른 증여세 및 취득세 등의 면제

증여는 일방이 무상으로 재산을 상대방에게 제공하고, 상대방이 이를 수락함으로써 효력이 발생한다. 증여계약으로 재산을 받은 사람에게는 증여세 납부 의무가 생긴다. 그러나, 증여가 이루어진 후 계약 해제 등으로 인해 재산을 반환하거나 다시 증여할 경우, 새로운 증여로 간주되어 증여세 납부 의무가 발생할 수 있다.

증여재산의 반환 등으로 증여의 원인이 소멸된 경우에도 증여세 납부 의무를 부여하는 것은 불합리한 측면이 있다. 이를 고려하여, 세법은 증여계약 해제 날짜가 증여세 신고 기한 이내인지, 신고 기한이 지난 후 3개월 이내인지, 또는 3개월을 초과하는지에 따라 증여세 과세 방법을 다르게 적용하고 있다.

계약 해제란, 유효하게 성립된 계약의 효력을 해제권을 가진 당사자의 의사표시로 소급하여 소멸시키는 법률 행위이다. 민법에서는 서면에 의하지 않은 증여계약, 수증자의 망은행위, 증여자의 재산 상태가 현저히 변하여 생계에 중대한 영향을 미칠 경우 증여계약을 해제할 수 있다고 규정하고 있으며, 이미 이행된 부분에 대해서는 영향을 미치지 않는다고 명시하고 있다.

당사자가 이전에 체결한 증여계약을 소급적으로 소멸시키는 합의해제는, 소급적으로 계약의 효력을 소멸시키기 때문에 이행되지 않은 부분은 이행할 필요가 없지만, 이미 이행된 증여재산의 경우에는 반환이 필요하다. 이러한 이유로, 증여받은 재산을 당사자 간 합의에 따라 증여세 과세표준 신고기한인 증여일이 속한 달의 말일부터 3개월 이내에 증여자에게 반환하는 경우,

처음부터 증여가 없었던 것으로 간주되어 증여세가 부과되지 않는다. 반면, 신고기한이 지난 후 3개월 이내에 증여자에게 반환하거나 재증여할 경우, 당초 증여에 대해 과세되지만, 반환하거나 재증여한 것에 대해서는 증여세가 부과되지 않는다. 그러나, 증여세 신고기한 다음 날부터 3개월이 지난 후에 반환하거나 재증여하는 경우, 당초 증여와 반환·재증여 모두에 대해 과세가 이루어진다.

증여재산이 금전인 경우, 반환으로 간주되지 않는다. 금전을 반환하더라도 반환으로 보지 않고, 당초 및 반환에 대해 각각 증여세가 과세된다. 금전은 특정되지 않은 교환수단이기 때문에 동일한 금전의 반환 여부를 확인할 수 없기 때문이다. 또한, 증여재산을 반환하기 전에 과세관청으로부터 증여세 과세표준과 세액 결정이 이루어진 경우, 신고기한 이내에 반환하더라도 당초 및 반환에 대해 각각 증여세가 과세된다.

증여재산의 취득은 무상승계 취득에 해당하므로, 계약일에 취득세 납세의무가 성립된다. 소유권이전등기의 원인이었던 계약을 소급적으로 실효시키는 합의해제 약정에 기초하여 소유권이전등기를 말소하는 원상회복 조치의 결과로 그 소유권을 취득한 것은 취득세 과세대상에 해당하지 않는다.

이 경우, 무상승계 취득물건을 등기 · 등록하지 않고 행정안전부령으로 정하는 계약해제신고서를 취득일부터 취득일이 속하는 달의 말일부터 3개월 이내에 제출된 경우에는 취득한 것으로 보지 않는다. 한편, 유상승계취득의 경우에는 사실상의 잔금지급일(계약상 잔금 지급일이 명시되지 않은 경우에는 계약일부터 60일이 경과한 날을 말한다)에 취득한 것으로 보되, 해당 취득물건을 등기·등록하지 않고 계약해제신고서 등을 취득일부터 60일 이내에 제출된 경우에는 취득으로 보지 아니한다.

▮ '김완일 컨설팅 Team'의 절세조언

컨설팅을 통해 절세 전략을 계획할 때는 몇 가지 중요한 유의사항을 반드시 고려해야 한다.

첫째, 세법은 매우 복잡하고 예외적인 규정이 많기 때문에, 절세 전략을 실행하기 전에 철저한 법적 검토가 필요하다. 잘못된 정보나 단편적인 해석에 의존할 경우, 예상치 못한 세금 문제나 법적 분쟁이 발생할 수 있다.

둘째, 금전증여와 같은 일부 재산에 대한 반환은 세법에서 반환으로 인정되지 않으므로, 증여취소를 통한 절세 전략은 신중하게 접근해야 한다. 증여 후 3개월 이내에 반환한다고 해도, 금전의 경우는 다르다.

셋째, 상장주식과 같은 자산의 증여 후 주가 변동을 고려한 절세 전략은 효과적일 수 있지만, 주식의 가격 변동성을 정확히 예측하고 그에 따라 적절한 시기에 증여취소를 진행해야 한다. 이는 단순한 절세 전략이 아닌, 세심한 계획과 분석이 필요한 작업이다.

앞서 설명한 대로 상장주식을 증여한 후 주가가 폭락했을 때, 3개월 이내에 증여를 취소하면 당초 증여에 대해 비과세가 적용될 수 있다. 이를 활용해 절세전략을 세울 수 있지만, 자문을 제공하면서 예상치 못한 문제가 발생할 수 있다.

예를 들어, 혼인 · 출산 증여재산 공제가 신설되면서 손자에게 1억 원을 증여하면 증여세가 비과세된다는 잘못된 정보를 믿고 증여했다가, 세법 해석에 오류가 있다는 사실을 알게 되어 금전을 반환한 경우가 있다. 그러나 세법에서는 금전의 증여를 반환으로 보지 않는다.

법원에서는 금전이 일반적인 교환수단으로 사용되며, 동일한 금전이 반환되었는지 확인할 수 없다는 이유로, 금전 반환을 비과세 대상에서 제외하고 있다.

세법에는 다양한 예외 규정이 산재해 있다. 따라서 컨설팅을 진행할 때는 각 사례에 대한 철저한 분석이 필수적이다. 고객의 이익을 보호하면서도 법적 위험을 최소화할 수 있는 컨설팅이야말로 최선의 결과를 가져올 수 있다.

세법에서는 증여계약 해제날짜가 증여세 신고 기한 이내인지, 신고 기한이 지난 후 3개월 이내인지, 3개월을 초과하는지에 따라 증여세 과세 방법을 다르다. 증여재산의 반환 등으로 증여의 원인이 소멸된 경우에도 증여세 납부의무를 부여하는 것은 불합리한 측면이 있기 때문이다. 금전의 경우에는 다르다. 금전이 일반적인 교환수단으로 사용되며, 동일한 금전이 반환되었는지 확인할 수 없어서 금전 반환은 비과세 대상에서 제외한다.

07

상속 증여때 '재산평가' 감정가 vs 기준시가

김완일의
컨설팅수업

07
상속 증여때 '재산평가' 감정가 vs 기준시가

최근 사례가액이 없는 꼬마빌딩을 기준시가로 신고하면, 과세 당국이 세무조사 시 감정평가 기관에 감정을 의뢰하여 그 가액으로 결정하고 있어 주변의 세무사들이 당혹스러워하고 있습니다.
조세 분야 전문가라고 자부하면서도, 상속 · 증여 재산을 평가하여 예상 세액을 알려주는 것이 무척 두렵습니다. 세무사로서 납세자의 꼬마빌딩과 같은 상속 · 증여재산을 어떻게 평가하여 신고하면 좋을지, 현명한 방법을 알고 싶습니다.

■ 재산평가 리스크 헷지(Hedge) 동향

상속세 또는 증여세의 신고는 아파트나 연립과 같은 공동주택은 사례가액이 확인되면 그 사례가액을 적용하고, 사례가액을 찾을 수 없는 꼬마 빌딩과 같은 개별건물은 기준시가로 적용해 신고했다. 2020년 국세청은 감정평가사업을 시행했으나 관련 세법에서 기준시가를 시가로 본다는 규정에 따라 사례가액이 확인되지 않는 부동산 등에 대해서는 여전히 기준시가를 적용해 신고하고 있다.

국세청이 시행하는 감정평가사업은 납세자들이 예측 가능한 기준도 제시하지 않은 채 기준시가를 적용한 신고건 중에서 그 대상을 선정하고, 감정평가기관에 감정평가를 의뢰해 평가한 가액으로 산정된 세금을 부과한다. 이러한 결정으로 예기치 못하게 적지 않는 세금이 추징된 납세자들의 상당수가 불복청구를 하고 있으나 법원에서도 쉽게 결론을 내리지 못하고 있다.

국세청은 감정평가를 통해 세금을 부과한 조세불복 재판에서 잇따라 패소하자, 지난해 7월 3일 「상속세 및 증여세법사무처리규정」에서 추정시가와 보충적 평가액의 차이가 10억원 이상인 경우이거나 추정시가와 보충적 평가액 차이의 비율이 10% 이상인 경우를 감정평가 대상으로 고시하고, 그 대상의 선정은 지방국세청장 또는 세무서장이 할 수 있도록 했다.

그러나, 기준시가 등의 시가 반영 비율은 현실적으로 70% 이하라는 점을 고려하면, 추정시가와 보충적 평가액 차이의 비율이 10% 이상인 경우를 감정평가대상이라고 규정하는데, 이는 조사공무원이 마음만 먹으면 감정평가대상에 포함시킬 수 있으므로 이러한 규정은 사실상 상속·증여재산을 평가할 때 감정평가를 의무화한 것이나 다름없다.

상속 · 증여재산을 기준시가로 평가해 신고한 내용에 대해 처분청이 감정평가사업을 통해 평가수수료를 지급하면서 감정한 가액으로 거액의 세금이 추징된 경우에는 납세자로부터 세금을 신고한 사람이 책임 추궁을 당하기도 한다. 이러한 책임 추궁 사례들을 겪어본 대리인은 상속세 또는 증여세 신고시에 납세자의 감정평가 수수료 부담을 알면서도 감정평가의 대상이 되는 위험을 회피하기 위해 감정평가를 하여 신고할 것을 앞장서서 권장하기에 이르렀다. 물론, 상속·증여재산을 신고할 때 감정가액으로 신고하는 것은 추후 양도 시에 취득가액으로 공제될 수 있다는 점에서 반드시 납세자의 재산권을 침해하는 것만은 아니다.

이에 따라 감정평가액의 적용과 관련한 최근의 판례 동향을 분석하고, 판례에 따른 감정평가 여부를 판단할 수 있는 지혜와 컨설팅 전략에 대해 정리한다.

▮ 국세청 감정평가사업에 따른 최근의 판례 분석

상속 · 증여재산의 평가는 그동안 2005년 이전에는 평가기간 내에 발생한 사례가액만 시가로 적용했다가 이후부터는 평가 기준일부터 2년 내의 평가기간 이외의 기간에 발생한 사례가액도 평가심의위원회의 심의를 통해 시가로 적용할 수 있게 했고, 2019년 2월 12일 시행령 개정을 통해 신고기한 경과 후 법정 결정기한까지 발생한 사례가액도 평가심의위원회의 심의를 통해 시가에 포함시킬 수 있게 했다.

사례가액 중에 쟁점이 되는 감정가액은 소급감정가액의 시가 적용이다. 소급감정가액의 시가 적용은 처음에는 해석을 통해 시가로 적용할 수 없는 것으로 하다가 2014년 2월 21일 상속 · 증여세법 시행령을 통해 "감정평가서 작성일이 평가기간 이내일 것"을, "가격산정 기준일과 감정평가서 작성일이 모두 평가기간 이내일 것"으로 하여 소급감정을 할 수 없게 했다.

신고기한 내에 신고해야 하는 납세자에게는 소급감정을 할 수 없도록 한 시행령은 그대로 놔둔 채, 납세자가 보충적 평가방법으로 신고한 내용에 대해서는 처분청이 소급감정한 감정가액을 평가심의위원회의 심의를 통해 시가로 결정할 수 있는 것으로 하여 시행하고 있다.

이러한 불합리한 결정으로 인해 납세자가 불복청구를 하면 심판청구나 심사청구에서는 기각 결정을 하고 있고, 1심 행정법원에서는 사례에 따라 인용과 기각이 엇갈리고 있으며, 2심 고법(서울고법 2023.12.15. 선고 2023누41903 판결, 서울고법 2023.06.16. 선고 2023누35380 판결)에서는 평가기준일과 시가산정기준일의 '시간의 경과'를 이유로 국가패소 판결을 하고 있다.

그러나 이 판결에서도, 조세법률주의와 관련해서 부과과세방식을 채택하고 있는 상속세와 증여세는, 납세의무자에게 과세표준 및 세액의 신고의무가 있더라도 이는 과세관청에 대한 협력의무에 불과하며, 과세관청이 과세표준과 세액을 결정하는 때에 조세채무가 확정되므로, 증여세 신고를 받은 과세관청으로서는 정당한 과세표준 및 세액을 조사·결정해야 한다고 판시한다.

한편, '시가'라 함은 원칙적으로 정상적인 거래에 의하여 형성된 객관적인 교환가격을 의미하는데, 이와 관련하여 판례는 매매 등의 거래가격을 시가로 인정함에 있어 거래일과 시가산정일 사이에 가격변동이 없어야 한다는 입장을 취하고 있는 점, 상증세법 시행령 제49조 제1항 단서의 '가격변동의 특별한 사정'을 좁게 인정하면 제1항 본문에서 매매 등 거래가격의 시가 인정 기간을 원칙적으로 평가기준일 전후 6개월로 제한하여 규정하는 취지를 몰각시키게 되는 점, 상증세법 시행령 제49조 제

1항 단서 규정 자체에서 '시간의 경과'를 '가격변동의 특별한 사정'의 고려요소 중 하나로 정하고 있으므로 그 문언 자체에서 보더라도 시간 경과에 따른 가격변동을 포함하여 일반적인 가격변동이 없을 것을 이미 적용요건으로 예정하고 있는 것으로 보이는 점 등을 종합하면, 일반적인 가격변동 역시 '가격변동의 특별한 사정'에 해당하는 것으로 해석함이 타당해 보인다.

따라서 "상증세법 시행령 제49조 제1항 단서에서 말하는 '가격변동의 특별한 사정'은 증여일부터 가격산정기준일까지의 기간 중에 객관적인 교환가격의 변동이 있다고 인정될 수 있는 모든 사정을 의미하는 것으로 이해된다."고 하면서, 평가심의위원회에서 가격변동의 특별한 사정이 없다고 심의했다고 주장하기도 하나, 평가심의위원회의 심의는 구 상증세법 시행령 제49조 제1항 단서에 따라 시가를 인정하기 위한 하나의 요건일 뿐, 그러한 심의가 있다 하여 가격변동의 특별한 사정이 없다는 점에 관한 증명이 이루어졌다고 볼 수 없다는 이유로 국가 패소하는 판결을 하고 있다.

▌'김완일 컨설팅 Team'의 절세조언

납세자가 관련 법령에 따라 적법하게 신고한 것을 법률에서 위임한 기준도 없이 과세관청의 판단에 따라 감정평가대상으로 분류하여 감정평가를 의뢰하는 것은 조세법률주의 원칙에 위배

된다고 볼 수 있다. 그럼에도 부과과세방식을 채택하고 있는 세목에서 과세표준 및 세액의 신고는 과세관청에 대한 협력의무에 불과하므로, 과세관청이 정당한 과세표준 및 세액을 조사·결정하기 위해 감정을 의뢰하는 것은 이러한 부과과세 방식의 조세에서 과세관청의 정당한 권한에 속한다고 볼 수 있다.

기획재정부는 가격변동의 특별한 사정 요건을 충족하기 위해 예규(기획재정부 재산-480, 2020.06.29.)를 통해 평가기간 다음 날을 가격산정기준일로 하고 감정가액평가서 작성일을 법정결정기한 전까지로 하여 감정평가한 가액이 있는 경우 그 감정가액은 평가심의위원회의 심의대상에 해당된다고 해석했다. 이러한 해석에 따라 고법(서울고법 2023.12.15. 선고 2023누41903 판결, 서울고법 2023.06.16. 선고 2023누35380 판결)은 평가기준일부터 평가기간 밖의 날짜를 기준으로 평가한 것에 대해 국가패소 판결을 내렸다.

이러한 신고기한 이후에 감정한 가액에 대한 국가패소 판결이 있지만, 납세자가 신고기한 내에 감정평가를 받아 신고한 경우에 대해서는 이 판례의 영향을 받지 않는다. 따라서, 국세청의 감정평가사업에 대한 법률적인 분석 없이 재산평가 리스크 헷지를 위해 대리인이 앞장서서 감정평가를 하도록 한 것은 납세자의 권익을 보호했다고 할 수 없다.

감정가액이 기준시가보다 높게 평가된다고 해서 반드시 기피할 것은 아니다. 상속재산이나 증여재산의 평가액이 당장은 높은 가액으로 과세될 수 있지만, 추후 처분할 때 취득가액으로 적용되므로, 감정가액으로 평가할 것을 권장하는 것이 납세자의 권익을 보호하는 역할을 할 수 있다.

따라서, 국세청의 감정평가사업과는 별개로 납세자의 사정을 고려하여 감정평가 여부를 판단해야 한다는 것이 중요하다.

국세청의 감정평가사업은 날로 진화하고 있다. 법원에서는 부과과세방식을 채택하고 있는 세목에서 과세표준 및 세액의 신고는 과세관청에 대한 협력의무에 불과하므로, 과세관청이 정당한 과세표준 및 세액을 조사·결정하기 위해 감정을 의뢰하는 것은 정당한 권한에 속한다고 판시하고 있다. 이런 법원의 판결에 따라 시행령에 배치되는 예규를 통해 감정평가사업을 확대하고 있다. 지금이라도 감정평가대상을 법령에 예시하는 개정으로 납세자가 예측가능하게 할 수 있기를 기대한다.

08

효도계약서를 통한 안전한 노후준비 증여당시 기억과 감정은 사라지고, 남는 것은 서류뿐이다.

08
효도계약서를 통한 안전한 노후 준비 증여당시 기억과 감정은 사라지고, 남는 것은 서류뿐이다.

TV에서 부모가 자녀에게 재산을 일찍 물려주고 후회하는 사례를 본 적이 있습니다. 노후 준비가 되지 않은 상태에서 재산을 자녀에게 일찍 넘기고 연금이 보장되지 않으면, 노후 생활이 힘들어질 수 있다는 생각이 듭니다.

이런 경우, 주택을 자녀에게 저가로 넘겨주면서 매월 연금 방식으로 노후 생활비를 받는 주택연금 방식을 차용하여 적용 할 수 있을 것 같습니다. 자녀와의 관계를 유지하면서 효과적으로 재산을 이전할 수 있는 컨설팅 방안에 대해 알고 싶습니다.

▌효도계약의 필요성

한국은 1945년 광복 이후 1990년대 후반까지 원조를 받는 나라였으나, 개발도상국에 원조를 제공하는 '원조 선진국'으로 변모했다. 이러한 경제적 발전의 밑바탕에는 한국 민족의 근면성과 교육열이 있다. 특히, 자녀 교육에 대한 열정은 세계 최고 수준의 대학진학률에서 드러나며, 많은 부모들이 자녀의 대학교육을 자랑스럽게 여긴다. 또한, 자녀의 결혼자금과 주택 마련까지 지원하는 등 부모는 자녀를 위해 아낌없이 지원한다.

그러나 이런 무조건적인 지원은 부모의 노후준비 부족으로 이어져, 한국의 노인 빈곤율이 OECD 국가 중 가장 높다는 문제점을 안고 있다. 농경사회에서의 전통적인 부모와 자녀 관계가 산업사회로의 변화 과정에서 노후 대비 부족으로 이어졌다고 볼 수 있다. 전통적으로 부모가 모은 재산을 자녀에게 물려주는 것이 일반적이었으나, 재산증여 이후 자녀의 부모 놀봄 의무 소홀이 문제로 대두되었다.

이에 따라 법원은 부모의 부양의무를 저버린 자식에게 부모로부터 받은 주택을 반환하라는 판결을 내린 사례가 있으며, 이는 부담부증여(負擔附贈與:특정한 의무나 조건을 부여하는 의미, 부모가 자녀에게 재산을 증여하면서 미래에 부모의 부양이나 기타 조건을 이행하도록 하는 경우가 이에 해당)의 조건을 이행하지 않았을 경우 증여를 해제할 수 있다는 법적 근거에 따른 것이다.

노인 빈곤 문제에 대응하기 위해 주택연금 가입이 제안되고 있으며, 최근에는 부모가 주택을 자녀에게 증여하면서 생활비 부담을 조건으로 하는 부담부증여 계약서, 즉 '효도계약서' 작성이 증가하고 있다. 또한, 주택연금 방식을 활용해 부모의 노후 생활비를 지원하는 방법도 고려되고 있다. 이 방식은 주택의 양도 대가를 매월 부모에게 생활비로 지급하는 것으로, 주택연금 방식을 적용한 주택가격과 매월 지급되는 생활비 결정 등을 고려한 효도계약서 작성 시 고려해야 할 사항들을 간략하게 정리한다.

■ 주택연금과 정기금의 계산

연금은 일정 기간마다 지급되는 돈으로 사전에서 설명한다. 여기에는 국민연금, 퇴직연금, 주택연금 등이 포함된다. 주택연금은 주택을 소유한 사람이 그 주택을 담보로 해서 평생 동안 매월 연금을 받는 제도이다.

주택연금은 마치 대출을 받는 것과 유사하게 운영된다. 여기서 주택을 담보로 매월 일정액의 연금을 받고, 대출자가 사망하면 담보 주택을 통해 대출금과 이자를 상환한다.

부모가 자녀에게 주택의 소유권을 넘기고 매월 연금방식으로 노후 생활비를 지급받는 것은 주택연금과 유사하다. 주택연금의 지급방식은 주택의 매매가액을 결정하고 이를 정기금 평가방식을 활용하여 매월 지급받는 형태로 운영된다.

정기금은 정기적으로 금전이나 물건을 지급하는 채권으로, 연금, 정기급 부양료, 지료 등이 해당한다. 민법에서는 종신정기금에 대해, 당사자 일방이 자신, 상대방 또는 제3자의 종신까지 정기적으로 금전이나 물건을 지급할 것을 약정함으로써 그 효력이 있다고 규정한다.

정기금과 종신정기금은 모두 주기적으로 금전이나 다른 형태의 이익을 제공하는 계약에 기반을 둔다. 정기금은 일정 기간 동안 정기적으로 금전이나 다른 혜택을 지급하는 계약을 의미하며, 이 기간은 고정되어 있거나, 특정 조건에 따라 변할 수 있다. 종신정기금은 특정인의 생존 기간 동안 지속되는 정기적인 금전이나 이익의 지급을 의미한다.

주택 매매 시, 매매가액과 매월 받을 정기금의 현재가치를 계산하여 일치시키는 방식으로 지급 기간을 정할 수 있다. 현행 세법상 이자율은 연리 3.0%이므로, 이를 매월 환산하면 0.25%의 이자율로 정기금을 받는 것으로 계산한다. 이를 통해 연금의 현재가치와 주택의 매매가액의 현재가치를 일치시키는 상환 기간을 계산할 수 있다.

부모에게 매월 연금 형식으로 생활비를 지원하고, 사망 전에 전체를 상환하지 못할 경우 남은 금액은 상속재산에 포함한다.

■ '김완일 컨설팅 Team'의 절세조언

부모가 노후에 자녀에게 주택의 소유권을 넘기는 경우, 직계존비속 간 거래로 인해 증여세가 과세될 수 있다. 상속세 및 증여세법 제44조에 따르면, 배우자나 직계존비속에게 양도한 재산은 양도자가 그 재산을 양도한 때에 그 재산의 가액을 배우자나 직계존비속이 증여받은 것으로 추정하여 증여재산가액으로 간주한다.

가족관계에서 재산 이전이 변칙적인 거래로 이용되는 것을 방지하기 위해 세법에서는 엄격한 규제를 두고 있다. 하지만 법원의 결정에 따른 경매, 파산선고에 의한 처분, 공매, 증권시장을 통한 유가증권 처분, 또는 대가를 받고 양도한 사실이 명백히 인정되는 경우 등에서는 증여추정규정을 적용하지 않는다.

법원은 부모와 자식 사이에 아파트 소유권을 넘기고 평생 연금 방식으로 매월 노후생활자금을 지급받는 경우를 주택연금과 유사하게 볼 수 있다고 판단하기도 했다. 적어도 상당한 대가를 지급했다면, 그 부분은 증여세 과세가액에서 공제될 수 있다. 사망 시까지 매월 종신정기금을 지급하는 의무가 있다면, 이는 부동산 소유권 이전의 대가에 해당하므로 양도소득세 과세대상이 될 수 있다는 판결도 있었다.

효도계약서를 작성할 때는 자녀가 지급할 수 있는 범위 내의 월정 생활비 규모를 설정하고 상환 기간을 정하는 것이 중요하다. 이때 주택 매매가격 설정, 절세를 위한 저가 매매 방식, 자녀의 부양의무, 제사 및 효도 의무의 부담, 계약해제 조건 등을 포함시키는 것이 좋다.

효도계약은 단순한 감정이나 자식에 대한 믿음만으로 이루어져서는 안 된다. 증여 당시의 감정에 치우치지 말고, 실질적인 법적 보호와 노후 안정을 위한 신중한 접근이 필요하다. 증여와 함께 효도계약도 함께 작성하는 것이 좋으며, 이때 자녀뿐만 아니라 자녀의 배우자도 계약에 참여시키는 것이 중요하다. 이는 당장에는 어렵고 복잡해 보일 수 있지만, 결국 서로에게 이익이 되며, 미래의 불확실성에 대비할 수 있는 확실한 방법이다.

오랜 경험으로 봤을 때, 결국 남는 것은 기억이나 감정이 아니라 서류다. 모든 합의는 명확하게 문서화해야 하며, 법적 효력을 지니도록 공증을 받는 것이 바람직하다. 이러한 절차를 거치는 것은 부모와 자식 간의 신뢰를 강화시키고, 각자의 권리와

의무를 명확히 하는 데에도 도움이 된다. 따라서, 효도계약은 단순한 감정적 결정이 아니라, 신중한 법적 고려와 상호 이해에 기반해야 함을 명심해야 한다.

부모가 살던 집을 처분하지 않고 자녀에게 이전하면서 주택연금방식으로 대가를 지급 받는 것은 참신한 아이디어라고 생각한다. 재산을 매매의 방법으로 이전할 때 자식과의 관계를 고려하여 시가보다 30% 또는 3억원 중 적은 금액만큼 낮은 가액으로 매매하면 증여세 부담 없이 이전할 수도 있다.

부모과 자녀 사이에 돈독한 관계를 유지할 수 있도록 전문가적인 관점에서 안내할 필요가 있다.

09
‘가수금은 상속재산’ 증여세와 절세는 ‘한 끗’ 차이

김완일의
컨설팅수업

09

'가수금은 상속재산' 증여세와 절세는 '한 끗' 차이

규모가 작은 회사들의 재무제표를 보면 가수금이 많은 경우를 자주 봅니다. 아마도 적은 자본금으로 회사를 운영하다 보니, 운영 자금이 부족해서 개인적으로 회사에 자금을 투입했기 때문이겠죠.

이런 회사들이 사업을 성공적으로 운영하면 좋겠지만, 만약 사업이 실패하여 회사의 가수금을 회수할 수 없는 경우, 그 가수금은 회수 불가능한 채권으로 남게 됩니다.

가수금이 많은 법인의 가수금을 어떻게 정리하면 좋을지, 현명한 방안을 알고 싶습니다.

▌가수금 관리 필요성

개인사업자는 회사의 자금을 자유롭게 입금하거나 출금할 수 있지만, 법인사업자의 경우는 상황이 다르다. 법인은 출자자와는 별개의 실체로 취급되므로, 출자자가 가족 위주로 구성되었다고 하더라도 회사에서 자금을 자유롭게 인출할 수 없다. 법인 설립 시에도 적법한 절차를 따라야 하고, 법원에 등기를 해야 한다. 과거에는 최소 5천만원의 자본금이 필요했으나, 현재는 최저 자본금 규정이 폐지되어 소액으로도 설립이 가능해졌다. 이로 인해 자본금이 1천만원 미만인 소규모 회사 설립이 증가하고 있다.

회사를 운영하기 위해서는 자본조달이 필요하다. 소액의 자본금으로 법인을 설립할 수는 있지만, 운영 자금이 부족하면 차입을 통해 조달해야 한다. 소규모 회사는 일반적으로 신용이 부족해서 대표자가 개인적으로 자금을 소달하는 경우가 많다. 이로 인해 부채비율이 높아지고, 은행 차입이 어려워진다. 대출을 받았더라도 회수 압력으로 인해 개인적으로 자금을 조달하는 경우가 많으며, 이 경우 '주주 · 임원 · 종업원 단기차입금', 즉 '가수금'으로 회사를 운영하게 된다.

소규모 회사에서는 외부 출자를 받기 어렵고, 대표자가 사적 재산을 처분하여 자금을 조달하는 경우가 많다. 사업 실패 시, 회사뿐만 아니라 대표자의 개인 재정에도 큰 타격을 줄 수 있다. 대표자가 많은 가수금을 남긴 상태에서 사망하면, 피상속인의 법인에 대한 채권으로 상속재산에 포함되고, 피상속인이 법인에게 자금을 무상 대여한 것으로 보아 법인에 대한 이자 상당액(법인에게 무상 대여하여 이자를 받지 않은 부분)이 사전 증여재산으로 취급받게 되며, 해당 법인의 주주에게는 증여세가 과세될 수 있다.

이러한 이유로 자금 조달을 가수금에 의존하는 것은 다양한 리스크를 발생시킨다. 따라서, 회사의 가수금을 정리하는 것은 매우 중요하다. 회사에 대한 가수금 출자전환을 통한 정리 방안과 절차에 대해 자세히 살펴볼 필요가 있다.

▌가수금의 출자전환 과정 및 주의사항

회사가 자본금을 증자할 때는 기본적으로 현금으로 증자하는 것이 원칙이다. 신주인수인은 납입일에 인수가액 전액을 납입해야 한다. 과거에는 신주인수인이 현금으로 납입하지 않고 회사의 채권과 상계하는 방식은 허용되지 않았지만, 2011년 개정된 상법에서는 회사의 동의를 요건으로 주금납입 채무와 회사에 대한 채권의 상계가 가능하도록 변경되었다.

신주발행으로 인한 변경등기를 신청할 때는 납입담당기관의 납입금 보관증명(자본금 총액이 10억원 미만인 경우 잔고증명)을 첨부해야 한다. 그러나 가수금의 출자전환을 통해 상계하는 경우에는 회사의 채무부담을 증명하는 서면, 상계의사를 증명하는 서면, 그리고 신주인수인이 상계하는 경우 회사의 동의를 증명하는 서면을 첨부해야 한다. 이에 따라 가수금 출자전환을 위해서는 채무의 존재를 객관적으로 입증해야 한다.

자본금 증자 시 신주의 배정은 일반적으로 주주별 보유비율에 따라 균등하게 이루어지는 것이 원칙이지만 가수금을 자본으로 출자전환하는 경우, 불균등증자가 발생할 수 있다. 균등증자를 위해서 다른 주주들은 가수금이 없다면 금전으로 증자에 참여해야 가능하다.

불균등 증자가 발생할 경우, 시가와 발행가액 사이에 발생하는 차이로 인해 증여이익이 발생할 수 있다. 예를 들어, 신주를 시가보다 낮은 가액으로 발행하는 경우에는 신주인수인이 수증자가 될 수 있으며, 반대로 시가보다 높은 가액으로 인수하는 경우에는 기존 주주에게 증여이익이 발생할 수 있다.

이러한 상황에서는 증여세 과세문제에 주의해야 하며, 법인과 주주 모두에게 세금상의 영향을 미칠 수 있으므로, 가수금 출자전환을 고려할 때는 이러한 점들을 충분히 고려하여 신중한 결정을 내려야 한다. 가수금 출자전환은 불균등 증자에 따른 증여세 과세 등의 잠재적 위험도 함께 고려되어야 한다.
가수금 출자전환 시 대표자 이외의 주주가 청약을 포기하게 되면 불균등 증자가 이루어지므로, 평가액대로 증자하지 않으면 증여세 과세문제가 발생한다. 특정인이 신주인수인이 되는 경우, 신주인수인 또는 기존 주주에게 증여이익이 발생하지 않도록 세법에서 정하는 평가액대로 증자해야 한다.

회사의 경영상태가 좋지 않아 주가가 액면가보다 낮게 평가될 경우, 가수금 출자전환을 통한 불균등 증자에서 증여이익이 발생하지 않도록 액면가보다 낮은 가액으로 발행해야 한다. 신주할인 발행은 설립일로부터 2년이 경과된 법인을 대상으로 하며, 주주총회의 결의와 법원의 인가를 얻어서 발행할 수 있다.

■ '김완일 컨설팅 Team'의 절세조언

상법은 신주 발행 시 신주인수인의 주금 납입 채무와 회사에 대한 채권을 상계할 수 있도록 하는 '가수금의 출자전환'을 인정한다. 이 방법은 세무상 리스크가 발생할 수도 있지만, 동시에 활용 가치도 크다.

자주 질문받는 사례 중 하나는 법인의 대표자가 사망하여 상속세를 신고할 때 가수금을 상속재산에 포함해야 하는지 여부이다. 은행 차입이 어려운 회사는 대표자의 개인 자금이나 주변

지인으로부터의 차용으로 자금을 조달하는 경우가 일반적이다. 이 때 발생한 가수금은 대표자의 채권에 해당하므로, 대손을 입증하지 않는 한 상속재산에 포함되어야 한다.

가수금이 많아 도산 위험이 있는 기업의 경우, 가수금을 투자자산으로 분류하기 위해서는 출자전환이 필요하다. 자본잠식 상태의 기업에서 가수금을 주식으로 출자전환하면 상속재산을 축소할 수 있다.

또한, 회사의 지분 확대에도 활용 가능하다. 경영상태가 어려워 주식평가액이 액면가보다 낮거나 저평가된 경우, 가수금을 출자전환하면 가수금 채권 소유자의 지분율을 확대할 수 있다. 예를 들어, 가족 구성원이 주주인 법인에서 부동산을 취득하며 자녀의 가수금으로 자금을 조달한 경우, 회사가 건물을 신축하며 많은 결손금이 발생하여 주가가 액면가보다 낮을 때, 자녀의 가수금을 출자전환하면 자녀의 지분율이 확대될 수 있다.

가수금은 재무적으로 복잡한 문제로 보일 수 있으나, 효과적인 컨설팅의 재료로 활용될 때 강력한 해결책이 될 수 있다. 가수금은 고객의 결정적인 문제를 해결하는 데 도움이 되는 약이 될 수 있다. 세무적인 걸림돌은 상법이나 민법을 통해 해결하면서, 전문가팀은 새로운 경험을 제공하며 고객에게 다양한 가능성을 검토하고 제안한다. 이것이 바로 전문 컨설턴트의 역할이다.

이러한 방식으로 가수금은 고객의 문제 해결을 위한 중요한 도구로 활용될 수 있다.

회사가 신용이 부족하여 금융기관으로 돈을 빌릴 수 없는 상태가 되면 사적 재산을 처분하거나 개인적으로 빌려서 회사의 운영자금에 투입한다.
가수금에 의존해서 사업을 영위하다가 실패하면 사망에 이를 수 있고, 가수금은 회사에 빌려준 사람의 채권에 해당하므로 정리하지 않은 상태에서 사망하면 상속재산이 된다.
가수금은 출자전환하면 채권에서 주식으로 변경되고 그 평가액도 달라지게 되며, 이런 점은 지분율 변경에도 활용될 수 있으므로 가수금의 출자전환을 컨설팅 소재로 활용하자.

10
임직원 사이에 주식을 사고 팔 때 주의사항

김완일의
컨설팅수업

10
임직원 사이에 주식을 사고 팔 때 주의사항

비상장주식은 주로 친인척이나 임직원들 사이에서 거래하게 됩니다. 그런데 특수관계인 사이에 이런 거래를 하면 세법상의 간섭이 많아 예상치 못한 문제를 자주 듣게 됩니다.
특수관계인을 판정할 때, 친인척 사이의 판정은 비교적 간단하지만 임직원 사이에서는 판정이 쉽지 않더군요.
임직원 사이에서 특수관계인을 어떻게 판정해야 하는지, 그리고 특수관계인 사이에 주식 거래를 할 때 주의해야 할 점이 무엇인지 알고 싶습니다.

▮ 임직원 간의 거래에 대해 특수관계인 판정 현황

비상장주식은 시장성이 없어 불특정다수인과 거래하는 경우는 회사의 경영권을 양도하는 경우를 제외하고는 찾아보기 쉽지 않고, 대부분 친인척 또는 회사의 임직원 사이에 거래하게 된다. 가족 등과 같은 친족관계에서 거래하는 경우에는 합리적인 가격보다는 다른 이해관계에 따라 거래하여 조세를 회피하는 경우가 발생할 수 있다. 예를 들어, 부모 자식 사이에 거래를 할 때 부모가 자식에게 시가보다 싼 가격으로 팔면 부모는 손해를 보게 되고, 자식은 이익을 얻게 되는 것이 일반적이다. 이러한 경우에 세법에서는 시가보다 싼값으로 판 부모에게는 양도소득세를, 싼값으로 산 자식에게는 증여세를 추가로 과세하게 되며, 회사의 임직원 사이의 거래를 할 때도 비슷한 상황이 발생하게 된다.

일부에서는 같은 거래에 대해 증여세와 양도소득세를 동시에 과세하는 것은 이중과세에 해당한다고 억울해 하기도 한다. 그렇지만 대법원에서는 증여세와 양도소득세는 납세의무 성립요건과 시기 및 납부의무를 서로 달리하는 것이어서, 과세관청은 각각의 과세요건에 따라 독립적으로 판단하는 것이므로 양자의 중복적용을 배제하는 특별규정이 없는 한, 어느 한쪽의 과세만 가능한 것은 아니라고 하였고, 헌법재판소도 이러한 이중과세에 대해 헌법에 위반되지 않는다는 결정을 선고하였다.

이러한 원리에 따라 특수관계인 사이에 거래할 때는 세법에서 정하는 가격으로 거래해야 하지만, 그렇지 않은 경우에는 합리적인 가격을 정하여 거래할 수 있다. 특수관계인의 판정은 부모 자식 사이와 같이 친족관계에 있는 경우에는 어렵지 않으나, 같은 회사의 임직원 등과 거래를 하는 경우에 대해서는 세법에 따라 다르게 규정하고 있어 혼란스럽다.

이번 칼럼에서는 출자에 의한 지배하는 법인의 주주와 임직원 사이에 적용하는 특수관계인의 범위에 대해 간략하게 정리하고, 주의할 사항과 절세전략을 정리한다.

■ 출자에 의한 지배하는 법인의 사용인 관련 규정

특수관계인과 관련하여 거래한 때는 각 세법에서 다르게 규정하여 그 판정에 혼란을 겪기도 하였으나 2012년에 세법 간 통일성 확보를 위해 국세기본법에서 규정하고, 개별세법에서는 국세기본법의 "특수관계인"을 인용하되, 각 제도의 취지상 범위 조정이 필요한 부분만 추가로 규정하고 있다.

주식의 양도소득과 관련해서는 국세기본법의 특수관계인을 준용하고, 고가 양도 또는 저가 양수에 따른 이익의 증여에 대해 증여세를 과세할 때에는 상속세 및 증여세법에서 규정한 특수관계인을 적용한다. 이 경우에 양도소득세를 과세할 때 친족은 국세기본법을 준용하지만 증여세를 부과할 때는 직계비속 배우자의 2촌 이내의 혈족과 배우자인 사돈이 포함된다.

경제적 연관관계에 있는 특수관계인은 소득세법에서는 임원, 사용인, 본인의 금전이나 그 밖의 재산으로 생계를 유지하는 자, 이들과 생계를 함께하는 친족의 경우 등이 이에 해당한다. 따라서, 주주와 임직원 사이에는 친족관계가 성립하지 않는 한 양도소득세를 부과할 때는 특수관계는 성립하지 않는다.

반면에, 상속세 및 증여세법에 따라 증여세를 부과할 때는 출자에 의하여 지배하는 법인의 사용인은 특수관계인에 포함된다. 사용인이나 사용인 외의 자로서 본인의 재산으로 생계를 유지하는 자를 특수관계인으로 규정하고, 사용인은 임원, 상업사용인, 그 밖에 고용계약관계에 있는 자를 말하며, 출자에 의하여 지배하고 있는 법인의 사용인을 포함한다.

출자에 의하여 지배하는 법인은 본인 또는 지분율을 합산하는 특수관계인이 30% 이상 직접 출자한 1차 직접 출자법인, 개인 또는 법인과의 출자에 의해 지배하는 법인(2차 간접출자법인(50%), 3차 간접출자법인(50%))의 사용인(임직원)과는 쌍방간에 특수관계가 성립한다. 따라서, 대표이사가 지분율을 합산하는 특수관계인의 지분을 포함하여 30% 이상의 지분율(2차 50%, 3차 50%)을 가진 경우에는 해당 법인의 임직원간에는 특수관계가 성립한다.

회사의 임직원 사이에 비정상적인 가격으로 비상장주식을 거래하고자 할 때 특수관계인의 판정에 대해 곤란을 겪어본 조세 전문가들은 선불리 답변하기를 망설인다. 출자에 의하여 지배하고 있는 법인의 경우에는 특히 어려움을 겪고 있다. 증여세의 경우에 출자에 의하여 지배하고 있는 법인은 본인 또는 지분율을 합산하는 특수관계인이 30% 이상 직접 출자하는 1차 직접 출자법인을 비롯하여, 1차 직접 출자법인과 함께 50% 이상 출자하여 지배하는 2차 간접출자법인, 2차 간접출자법인을 포함하여 50% 이상 출자하여 지배하는 3차 간접출자법인이 있다.

비상장주식의 비정상적인 거래에 대한 점검은 주로 중소기업 법인의 주식이고, 중소기업법인은 출자에 의하여 지배하고 있는 법인은 본인 또는 지분율을 합산하는 특수관계인이 30% 이상 출자하여 지배하는 1차 직접 출자법인이 대부분이다.

대표이사가 가족 등과 함께 30% 이상 출자하여 지배하는 법인에서 대표이사 등과 임직원 사이에 해당 법인의 주식을 매매하면 양도소득세를 계산할 때 친족관계가 성립하지 않는 한 부당행위계산은 적용하지 않는다. 반면에 "저가 양수 또는 고가 양도에 따른 이익의 증여"에 따른 증여세를 과세할 때는 특수관계가 성립한다. 따라서 대표이사 등이 30% 이상 출자에 의해 지배하는 법인의 주식을 해당 법인의 임직원과 사고 팔 때에는 세법에서 정하는 가격으로 거래해야 한다.

한편, 비정상적인 거래를 분석할 때, 주식 전부를 양도하여 경영권이 이전된 경우에도 양도하는 날짜에 주식을 취득한 사람이 이사 등 임원으로 등재되면 국세청 분석시스템에서는 30% 이상 출자하였던 전임 대표이사와 신임 대표이사가 같은 회사에서 고용관계에 있는 것으로 분석될 수 있다.

이사 등의 선임은 주주총회를 통해 이루어지므로 그 경위를 소명하면 문제될 것은 없다. 그렇지만, 점검대상으로 분류되면 이를 담당한 조사공무원은 매의 눈으로 거래와 관련한 여러 가지에 대해 소명 요청을 하게 되고, 조사를 받는 입장에서는 세수 부족을 해결하기 위해 과세관청이 무리한 점검을 하고 있다는 비난을 하게 된다. 따라서, 주식의 양도일에 취득한 사람이 임원으로 등재되지 않도록 하는 것도 오랜 경험에서 얻는 지혜이다.

특수관계인의 범위에 대해서는 국세기본법에서 규정하고 있지만 상속세 및 증여세법에서는 특수관계인의 범위를 더 넓게 규정하고 있다. 주식을 거래할 때 양도소득세를 계산할 때는 특수관계인이 성립되지 않지만 증여세는 특수

관계인에 해당하여 증여세가 과세될 수 있다.

그 차이점의 대부분이 임직원 사이에 거래하는 경우에 발생한다. 임직원 사이에 거래할 때는 특수관계인 판정에 대해 특히 주의해야 한다.

11
증여세 피하려다 '양도소득세 폭탄' 맞는 이유

김완일의
컨설팅수업

11

증여세 피하려다 '양도 소득세 폭탄' 맞는 이유

솔직히 부모와 자식 사이에 부동산을 매매하는 게 좀 이상하다는 생각이 듭니다. 국회 청문회 때마다 부모가 자녀에게 주택을 저가로 매매한 게 이슈가 되곤 하잖아요. 부모가 자녀에게 저가로 양도하는 게 이제는 국민적 상식처럼 되어버렸지만, 저가로 매매할 때는 위험한 점도 있는 것 같습니다.
특수관계인 사이에 주택을 저가로 매매할 때 컨설팅을 진행하면서 주의해야 할 점이 무엇인지 알고 싶습니다.

▮ 자녀에 대한 주택 저가 양도 동향

공직자 청문회를 보면 과거에는 다운계약서 작성, 위장전입과 같은 사례가 많았는데 최근에는 자녀에게 주택을 저가로 매매하는 유형이 자주 등장한다. 부모가 자녀에게 주택을 저가로 양도한 경우에 대해 청문 과정에서 비난하기도 하지만, 세무사로서는 일반적인 자산가들에게 제안하는 절세의 방법 중 하나로 검토해볼 만한 주제이면서도 고위 공직자에게는 다른 시각이 있음을 느끼게 된다. 절세라는 관점에서 선택한 경제활동에 대해 어떻게 판단해야 할지 의문이 든다.

주택의 경우에는 세금 측면에서 고려할 요소가 많아 각자가 다양한 방법을 선택하여 거래할 수 있다. 이러한 선택에 대해 함부로 비난하기보다는 주택 정책에 대한 검토도 함께하는 것이 합리적이라는 생각이 든다. 어느 정부에서는 미분양으로 주택시장이 어려울 때 대출을 받아서라도 주택을 취득할 것을 권장하기도 했다. 그러던 것이 사정이 변경되어 주택시장이 과열되자 헤아릴 수 없을 정도로 많은 대책을 쏟아냈다.

주택가격 안정을 위한 정책 중 하나가 다주택자에 대한 중과세 제도다. 한때 도입된 이 중과세는 주택시장 상황에 따라 폐지되었으나, 이후 다시 주택가격 상승을 억제하기 위해 재도입되었다. 그 내용은 2주택자가 조정대상지역 내에 있는 주택을 양도할 때 물가상승을 반영하는 장기보유특별공제를 적용하지 않으며, 세율도 기본세율에 20%를 추가해 과세하고, 3주택 이상인 경우에는 기본세율에 30%를 추가해 과세하는 방식이다.

이러한 과세 방법으로 다주택자가 조정대상지역 내에 있는 주택을 전세로 임대하다가 양도하면 임대보증금과 세금을 빼고 나면 남는 금전은 없고 주택만 없어지게 된다. 이러한 정책은 주택을 처분할 수 없어 매물을 잠그는 효과를 초래하여 오히려 주택가격을 상승하게 하는 역할을 했다고 볼 수도 있다고 생각된다.

여기에다 종합부동산세까지 중과세를 하여 하나의 주택이라도 줄이는 것이 절세라는 생각에 자녀에게 주택을 증여하는 방법을 활용하게 되었고, 자녀에게 주택을 증여하는 유형이 급증하자 증여를 원인으로 한 취득에 대해서는 지방자치단체에 내는 취득세를 중과세하기도 했다. 이런 상황에서 선택된 방법이 바로 자녀에게 주택을 양도하되, 저가로 양도하는 방법이다.
주택과 같은 부동산 거래는 각자의 자유의사에 따라 거래 조건을 결정하여 거래할 수 있다. 이러한 거래에 대해 세법에서는 사법상 적법하게 성립된 거래라도 세법적 관점에서 볼 때 정상적인 경제인의 합리적인 거래형식에 의하지 않고 비정상적인 방식을 선택함으로써 조세의 부담을 부당하게 감소시킨 것으로 인정되는 때 이를 부인하는 규정을 두고 있다.

이를 세법에서는 부당행위계산의 부인이라고 하며, 납세자의 조세회피를 방지하기 위해 비록 사법상의 일반 법률관계에서는 적법하게 성립되었다고 하더라도 납세자의 행위 · 계산이 조세를 회피할 목적으로 인정될 때는 과세대상에 포함하도록 하고 있다.

이에 따라 부모가 자녀에게 주택과 같은 재산을 저가로 양도하거나 고가로 취득하여 거래할 때 적용되는 세법과 절세 컨설팅에 대해 간략하게 정리한다.

▮ 부모 자식과 같은 특수관계인 사이 거래에 대한 부당행위계산

부모와 자식 간 같은 특수관계인 사이에서 부동산이나 주식을 거래할 때도 양도소득세가 과세된다. 이때 시가보다 높은 가액으로 매입하거나 시가보다 낮은 가액으로 양도하면, 양도소득의 부당행위계산 대상이 된다. 양도소득에 대한 부당행위계산은, 특수관계인과의 거래로 인해 조세 부남을 부당하게 감소시킨 것으로 인정되는 경우, 그 거주자의 행위나 계산과 관계없이 해당 과세기간의 소득금액을 계산하게 된다.

양도소득세 과세대상 자산을 거래할 때, 조세 부담을 부당하게 감소시킨 것으로 인정되는 경우는 특수관계인으로부터 시가보다 높은 가격으로 자산을 매입하거나, 특수관계인에게 시가보다 낮은 가격으로 자산을 양도한 경우로서, 시가와 거래가액의 차액이 3억 원 이상이거나 시가의 5%에 상당하는 금액 이상일 때 적용된다.

저가 양수 또는 고가 양도로 인해 발생하는 이익에 대해서도, 그 이익을 얻는 자에게 증여세가 부과된다. 이 경우에는 특수관계인 간의 거래와 특수관계인이 아닌 자 간의 거래로 구분해 과세한다. 특수관계인 간의 거래는 시가보다 낮은 가액으로 양수하거나, 시가보다 높은 가액으로 양도한 경우로서, 그 대가와 시가의 차액에서 시가의 30% 또는 3억 원 중 적은 금액을 뺀 금액을 증여재산가액으로 한다.

특수관계인이 아닌 자 간의 거래는 관행상 정당한 사유 없이 재산을 시가보다 현저히 낮은 가액으로 양수하거나 시가보다 현저히 높은 가액으로 양도한 경우로서, 그 대가와 시가의 차액이 시가의 30% 이상인 경우, 그 대가와 시가의 차액에서 3억 원을 뺀 금액이 증여재산가액으로 계산된다.

부모가 자녀와 같은 특수관계인에게 재산을 시가보다 저가로 양도하는 경우, 부모에게는 시가와 거래가액의 차액이 3억 원 이상이거나 시가의 5%에 상당하는 금액 이상일 때 그 차액에 대해 양도소득세가 부과된다. 이와는 별도로 저가로 양수한 자녀에게는 시가와 대가의 차액에서 시가의 30% 또는 3억 원 중 적은 금액을 뺀 금액이 증여재산가액으로 계산된다.

주택을 시가보다 낮은 가액으로 양도하는 경우, 양도자에게는 양도소득세가 부과되며, 시가보다 낮은 가액으로 취득하는 자녀에게는 증여세가 부과된다. 이로 인해 하나의 거래에 대해 이중과세가 이루어진다는 논란이 있었다. 헌법재판소는 이를 합헌으로 판단했고, 대법원도 과세요건이 서로 다른 법률에서 규정되어 있는 한, 이러한 거래에 대해 과세하는 것은 적법하다고 판시했다.

이 내용을 한걸음 더 들어가서 살펴보면 의외로 단순한 논리다. 양도소득세와 증여세는 각각 다른 과세 논리에 기반한 세금이다. 양도자가 자산을 시가보다 낮은 가격으로 양도할 경우, 양도소득세는 자산을 양도한 사람에게 발생하는 소득에 대해 과세하는 세금이다. 즉, 양도소득세는 자산을 양도한 사람의 이익, 즉 자산의 취득가액과 양도가액의 차액에 대해 과세하는 것이다.

반면, 수증자에게 부과되는 증여세는 자산을 시가보다 낮은 가격으로 취득했을 때, 그 차액만큼 수증자가 경제적 이익을 얻은 것으로 보고 부과하는 세금이다. 증여세는 자산을 무상 또는 시가보다 저렴하게 취득한 경우, 그 차액이 수증자에게 증여된 것으로 간주되어 과세되는 것이다.

따라서, 양도자에게 부과되는 양도소득세와 수증자에게 부과되는 증여세는 같은 거래에서 발생하더라도, 서로 다른 과세 근거에 따라 부과되는 것이므로 이중과세로 볼 수 없다. 양도자는 자산의 처분에 따른 소득에 대해 과세되고, 수증자는 경제적 이익의 증여에 대해 과세되는 것으로, 이는 각자의 과세점이 다르다. 이로 인해 동일한 거래에서 양도자와 수증자가 각각 세금을 부담하게 되는 것이며, 이는 각기 다른 과세 범주에 속하는 정상적인 세무 절차다. 전문가로서는 이해되는 간단한 논리이지만 납세자(고객)의 입장에서는 불합리하다고 볼 수 있다.

■ '김완일 컨설팅 Team'의 절세조언

부모가 보유한 주택을 자녀에게 시가보다 낮은 가액으로 양도하는 방법은 절세 전략으로 자주 추천된다. 이는 공직자 청문회에서도 종종 등장하는 이슈다. 고위공직자에게 곱지않은 시선이 있지만 절세 방법 중 하나다.

주택의 양도가액을 결정할 때, 시가의 기준은 아파트와 같은 공동주택의 경우 주변 거래 사례를 참고할 수 있다. 하지만 거래 사례가 시가를 정확히 반영하지 못한다고 판단되는 경우, 감정평가기관의 감정을 받아 시가를 산정하는 것도 하나의 방법이다.

최근 서울의 경우 주택가격이 상승하고 있지만, 다주택자에 대한 중과세 제도는 2025년 5월 9일까지 양도하는 경우에는 적용되지 않는다. 시가보다 낮은 가액으로 주택을 양도할 때, 양도자에게는 시가와 거래가액의 차액에 대해 양도소득세가 부과된다. 다주택자의 경우, 중과세가 적용되면 증여세 절세 효과보다 더 많은 세금이 발생할 수 있다. 따라서 중과세 제도의 유예 기간 내에 이러한 전략을 활용하는 것이 효과적일 수 있다.

한편, 우리나라의 상속세와 증여세는 OECD국가에 비해 높은 수준으로 부과되고 있다. 이에 반해, 정부는 저출산과 고령화 문제를 우려하고 있으며, 저출산의 원인 중 하나로 주거 안정 문제를 지적하고 있다. 이러한 배경에서 혼인·출산 증여재산 공제와 같은 지원제도를 적극 활용하여 절세와 함께 결혼 및 출산 장려를 도모할 수 있다.

또한, 주택을 시가보다 낮은 가액으로 양수한 경우에도 증여세가 부과되지만, 시가의 30% 또는 3억 원과 같이 일정한 범위 내에서 과세 범위를 제한하는 규정이 있다. 이러한 허용 범위를 적절히 활용하는 것 역시 절세의 중요한 방법이다.

세법의 변화를 주의 깊게 관찰해야 한다. 주택 거래 규정은 자주 변경되며, 절세 전략을 세우기 전 최신 법규를 철저히 검토해야 한다. 또한, 부모 자식 간 주택 거래에서 양도자와 수증자 모두 과세될 수 있으므로, 이중과세 논란에 대비해야 한다. 절세 전략을 세울 때, 전문가의 조언을 통해 복잡한 거래에서 안전하고 효과적인 방법을 찾아야 한다.

부동산을 특수관계인 사이에 거래하면 양도소득세 부당행위계산의 대상이 되고, 저가로 인수한 사람에게는 증여세가 과세된다.

그렇지만 세법에서는 획일적으로 과세하지 않고 일정한 범위 내에서는 과세를 하지 않고 있다.

일정한 범위 내에서 과세하지 않는 범위를 컨설팅에 활용해보자. 주택의 경우에는 가격의 안정을 위해 정부에서 수시로 세법을 개정하므로 정부의 주택정책을 고려해야 한다.

12
시가보다 현저한 차이가 나는 거래와 정당한 사유 입증

김완일의
컨설팅수업

12

시가보다 현저한 차이가 나는 거래와 정당한 사유 입증

증여세 완전포괄주의 제도가 시행된 이후, 과세 당국은 특수관계가 없는 사람과의 거래에서도 일정 범위를 벗어나면 거래 가격의 적정성에 대한 입증을 요구하고 있습니다. 세무서에서 고객사의 주식 거래에 대해 전화가 오면 겁부터 나는데, 고객사가 비상장주식을 거래할 때 세무서로부터 전화가 오지 않도록 거래하려면 어떻게 해야 하는지 매우 궁금합니다.

▌정당한 사유 입증 동향

재산을 부모 형제와 같은 특수관계인 사이에 거래할 때 시가보다 낮은 가격으로 산 사람, 높은 가격으로 판 사람은 시가와 대가와의 차액만큼은 무상으로 이익을 얻게되어 증여의 개념에 해당한다. 이러한 증여이익에 대해 특수관계인 사이에 일정한 금액 이상 얻은 경우에는 시가보다 싸게 산 사람, 시가보다 비싸게 판 사람에게 증여세를 과세하여 왔다. 그러던 것이 2004년부터는 특수관계가 없는 사람과 거래의 관행상 정당한 사유 없이 시가보다 현저히 낮은 가액 또는 현저히 높은 가액으로 사거나 판 경우에도 증여세를 과세하기 시작하였다.

과세관청이 특수관계가 없는 사람과 재산을 현저히 낮은 가격 또는 현저히 높은 가격으로 거래한 경우에 대해 점검할 때, 거래의 관행상 정당한 사유에 대해 납세자에게 소명해보라고 하면, 명확한 답변을 하지 못하는 경우가 많다. 제3자와 거래를 하더라도 대등한 관계에서 거래하지 아니하였거나 이면 계약서가 있는 비정상적인 거래, 사실과 다른 계약서 작성 등으로 시원한 답변하지 못하는 경우를 자주 보게 된다. 이러한 경우에 과세관청은 납세자가 거래한 내용에 대해 거래의 관행상 정당한 사유를 제시하지 못하면 증여세를 과세하게 된다.

정당한 사유는 그에 따른 입증책임의 문제가 발생한다. 세법에서는 부당한 과세를 방지하기 위해 정당한 사유가 있는 경우에는 예외 규정을 두고 있다. 가산세를 부과할 때는 납세자가 의무를 이행하지 아니한 데에 정당한 사유가 있는 경우에는 가산세를 감면해 주고, 특수관계인 외의 자에게 정당한 사유 없이 자산을 정상가액보다 낮은 가액으로 양도하거나 정상가액보다 높은 가액으로 매입하는 것은 기부금으로 보고, 정당한 사유가 있는 경우에는 손금으로 인정한다. 비상장주식을 보충적 평가방법으로 평가할 때도 해당 법인의 자산을 보충적평가방법으로 평가한 가액이 장부가액보다 적은 경우에는 장부가액으로 하되, 장부가액보다 적은 정당한 사유가 있는 경우에는 그 평가액을 적용하도록 하고 있다.

이러한 정당한 사유는 추상적인 개념에 해당하여 가산세의 감면과 관련해서 집행기준을 통해 다양한 예시를 하고 있어 예측가능성이 있다. 그렇지만 대부분 정당한 사유는 추상적인 개념으로 남아 있어 대부분 판례에 의존하게 된다. 본 칼럼에서는 특수관계인이 아닌 자 간에 거래의 관행상 정당한 사유 없이 재산을 시가보다 현저히 낮은 가액으로 양수하거나 시가보다 현저히 높은 가액으로 양도한 경우에 대해 소명 요청이 있거나 거래를 할 때 적용할 기준이 되는 사례와 대응방안에 대해 간략하게 정리한다.

▮ 현저히 높거나 낮은 가액의 거래에 대한 정당한 사유의 입증

특수관계인과의 거래는 시가와의 차액이 일정한 요건에 해당하면 특별한 예외를 제외하고는 증여세를 과세하지만, 특수관계가 없는 자와의 거래에 대해서는 시가보다 현저히 높은 가액 또는 낮은 가액으로 양도 또는 양수하는 경우에는 거래의 관행상 정당한 사유가 없는 경우에 대해 증여세를 과세한다.

특수관계가 없는 자와의 거래에 대해 거래 관행상 정당한 사유에 대한 입증책임은 "일반적으로 과세처분 취소소송에서 과세요건 사실에 관한 증명책임은 과세관청에 있는 점, 법 상증세법 제35조 제2항의 문언내용 및 규정형식 등에 비추어 보면, 증여세 부과처분이 적법하기 위해서는 양도자가 특수관계에 있는 자 외의 자에게 시가보다 현저히 높은 가액으로 재산을 양도하였다는 점뿐만 아니라 거래의 관행상 정당한 사유가 없다는 점도 과세관청이 증명하여야 한다."고 판시하였다(대법원 2011. 12. 22. 선고 2011두22075 판결).

이러한 판결 이후에도 정당한 사유에 대한 입증책임은 일관되게 처분청이 지는 것으로 판시하고 있다. 그 예로서 처분청은 회사의 순자산가액으로 산정한 3,442,864,000원보다 낮은 가액인 10억원(1주당 가액 100,000원)에 양수한 것에 대해 정상적인 거래에서 형성된 객관적 교환가격에 의한 것으로 볼 수 없으므로 보충적 평가방법에 의하여 5,374,970,000원(1주당 가액 537,497원)으로 평가하여 증여세를 부과하였다. 이에 대해 법원은 특수관계가 없는 양도인과 서로 각자의 이익을 최대화하기 위해 수차례에 걸친 협의 끝에 결정된 것일 뿐만 아니라, 회계법인에게 회사에 대한 재무실사를 의뢰하여 그 실사 결과 산정된 회사의 순자산가액을 기초로 결정된 것인 점 등에 비추어, 거래가액인 1주당 100,000원은 일반적이고 정상적인 방법에의하여 이루어진 것으로서 거래 당시의 객관적 교환가치를 적정하게 반영한 시가에 해당되는 것이며, 객관적인 교환가치를 적정하게 반영하는 정상적인 거래로 인하여 형성된 가격이라고 판단하였다(대법원 2013. 1. 15. 선고 2012두20687 판결).

이러한 판례 동향과는 달리 일부 판례(서울행정법원 2011. 9. 1. 선고 2011구합7366 판결)에서는 "상증세법 제35조 제2항에서 정한 '거래 관행상 정당한 사유'가 있는지 여부는 당해 거래의 경위, 거래 당사자의 관계, 거래가액 등을 종합적으로 고려하여 판단하여야 할 것이고, 그 주장·입증책임은 정당한 사유가 있다고 주장하는 자에게 있다."고 판시하면서, 1주당 시가인 3,783원인 주식을 1주당 6,962원에 양도한 거래에 대하여 "회사의 경영권을 수반하는 주식의 양도는 그렇지 아니한 경우에 비하여 상대적으로 가격형성이 높게 될 가능성이 있지만 그 가격이 아무런 제한 없이 높게 형성된다고 할 수 없는 점, 가격형성의 경위와 과정이 구체적이고 합리적인 근거에 기초하지 않는 경우 경영권 양도라는 사정만으로는 높게 주식가격이 형성되는 데에 정당한 사유가 있다고 보기 어려운 점" 등을 고려하여 정당한 사유가 없는 것으로 보았다.

이러한 하급심의 판결에 대해 상급심(대법원 2014.06.12. 선고 2012두20915 판결)에서는 재산을 고가로 양도·양수한 거래 당사자들이 그 거래가격을 객관적 교환가치가 적절하게 반영된 정상적인 가격으로 믿을 만한 합리적인 사유가 있었던 경우는 물론, 그와 같은 사유는 없더라도 양수인이 그 거래가격으로 재산을 양수하는 것이 합리적인 경제인의 관점에서 비정상적이었다고 볼 수 없는 객관적인 사유가 있었던 경우에도 법 제35조 제2항에서 말하는 '거래의 관행상 정당한 사유'가 있다고 봄이 타당하다.

▌정당한 사유 입증 및 대응과제

그동안의 판례에 의하면 상증세법 제35조 제2항에 따른 과세처분이 적법하기 위해서는 양도자가 특수관계가 없는 자에게 시가보다 현저히 높은 가액으로 재산을 양도하였다는 점뿐만 아니라 거래의 관행상 정당한 사유가 없다는 점도 과세관청이 증명하여야 하는 것이 일반적이다. 법 제35조 제2항의 입법 취지는 거래 상대방의 이익을 위하여 거래가격을 조작하는 비정상적인 방법으로 대가와 시가의 차액에 상당하는 이익을 사실상 무상으로 이전하는 경우에 그 거래 상대방이 얻은 이익에 대하여 증여세를 과세함으로써 변칙적인 증여행위에 대처하고 과세의 공평을 도모하려는 데에 있다.

특수관계가 없는 자 사이의 거래는 서로 이해관계가 일치하지 않는 것이 일반적이어서 대가와 시가 사이에 차이가 있다는 사정만으로 그 차액을 거래 상대방에게 증여하였다고 보기 어렵다. 이러한 점을 고려하여 법 제35조 제2항은 특수관계자 사이의 거래와는 달리 특수관계가 없는 자 사이의 거래에 대하여는 '거래의 관행상 정당한 사유가 없을 것'이라는 과세요건을 추가하고 있다. 재산을 고가로 양도·양수한 거래 당사자들이 그 거래가격을 객관적 교환 가치가 적절하게 반영된 정상적인 가격으로 믿을 만한 합리적인 사유가 있었던 경우는 물론, 그와 같은 사유는 없더라도 양수인이 그 거래가격으로 재산을 양수하는 것이 합리적인 경제인의 관점에서 비정상적이었다고 볼 수 없는 객관적인 사유가 있었던 경우에도 법 제35조 제2항에서 말하는 '거래의 관행상 정당한 사유'가 있다고 보는 것이 바람직하다(대법원 2013.08.23. 선고 2013두5081 판결 참조).

한편, 과세관청의 입증책임과는 달리, 과세관청으로서는 합리적인 경제인이라면 거래 당시의 상황에서 그와 같은 거래조건으로는 거래하지 않았을 것이라는 객관적인 정황 등에 관한 자료를 제출함으로써 '거래의 관행상 정당한 사유'가 없다는 점을 증명할 수 있고, 만약 그러한 사정이 상당한 정도로 증명된 경우에는 이를 번복하기 위한 증명의 곤란성이나 공평의 관념 등에 비추어 볼 때 거래경위, 거래조건의 결정이유 등에 관한 구체적인 자료를 제출하기 용이한 납세의무자가 정상적인 거래로 보아야 할 만한 특별한 사정이 있음을 증명할 필요가 있다는 판례(대법원 2015.02.12. 선고 2013두24495 판결 등 참조)도 있다.

이러한 판례를 고려하면 대등한 당사자들이 각자 충분한 정보를 갖춘 상태로 자유로이 거래한 것, 대등한 당사자 사이에서 거래가 이루어진 것은 적정하다고 판단되며, 무엇보다도 전문가의 자문을 받아 이루어진 계약의 경우라면 거래 관행상 정당한 사유에 해당된다고 할 수 있다.

비상장주식을 거래할 때 특수관계가 없는 사람과 거래를 하더라도 상식적인 범위 내에서 거래, 즉 합리적인 경제인이라면 거래할 수 있는 가격으로 거래를 해야 한다. 세무서에서 전화가 오는 거래는 대부분 액면가액으로 거래하는 것과 같이 비상식적인 가격으로 거래할 때 발생한다. 이런 점으로 고려하여 해당 법인의 재무상태 등를 감안해서 합리적인 경제인이라면 거래 당시 상황에서 거래할 수 있을 것으로 추정되는 가액으로 거래를 하여야 할 것이다.

13
‘부동산법인의 절세’, 아직 세 가지는 남아 있다

김완일의
컨설팅수업

13

'부동산법인의 절세', 아직 세 가지는 남아 있다

부동산을 많이 보유한 부동산 법인의 주식을 거래하면 실제로 부동산을 거래하는 것과 같은 효과가 발생해서 과세 당국에서도 많은 관심을 갖고 있다고 알고 있습니다.
부동산 법인과 일반 법인의 주식 양도에 대한 과세 방법이 다르다면, 그 경계선상에 있는 회사들은 경우에 따라 세금 부담에 큰 차이가 있을 것 같습니다.
컨설팅을 진행하는 입장에서, 납세자에게 절세할 수 있는 방법을 선택하도록 안내할 수 있는 부동산 컨설팅 방안이 무엇인지 알고 싶습니다.

▌부동산법인에 대한 과세동향

정부에서는 주택가격의 안정을 위해 다주택자가 주택을 취득할 때와 양도할 때 중과세를 시행하였다. 다주택자에 대한 중과세가 시행되자 이를 회피하기 위해 일부에서는 법인을 설립하고 그 법인이 주택을 취득하는 사례가 많이 발생하였다. 또한, 법인이 주택을 취득하고 그 주식을 자녀 등에게 이전하면, 주택을 자녀에게 이전하는 것과 같아 주식이동을 통한 부의 이전 수단으로 활용할 수도 있어 법인을 통한 주택 취득에 대해 많은 주목을 받게 되었다. 그랬던 것이 법인에게도 주택의 취득에 대해 취득세, 보유에 따른 종합부동산세 등의 중과세를 하게 되자 법인 명의로 취득하는 사례는 눈에 띄지 않는다.

법인 명의로 부동산을 취득하는 것은 부의 이전 또는 다주택자 중과세 회피목적에 이용되기도 하지만, 대부분 사업을 수행하는 과정에서 발생한다. 이런 과정에 법인에서 부동산을 취득하여 자산총액 중에 부동산 가액의 비율이 높은, 이른바 '부동산법인'에서 주식이동을 하는 것이 부동산 이전과 같아 세법에서는 일반법인과 구분하여 과세한다.

일반법인과 다르게 취급하는 이유는 부동산을 보유한 법인의 주식을 거래하면, 해당 법인의 부동산 소유 관계가 그대로 이전되는 효과가 발생하기 때문에 주식이동을 부동산의 취득과 양도와 같이 취급하게 된다.

한편, 지방세법에서도 토지 등과 같은 부동산의 취득에 대해 취득세를 과세하고, 법인의 경우에도 개인과 같이 취득세를 과세하지만, 해당 법인의 주식을 취득하는 것도 부동산의 취득과 같아 주식의 취득으로 법인의 지분율이 50% 이상의 과점주주가 되거나 과점주주의 지위에서 추가로 지분율이 증가하는 경우에 대해 간주취득세를 과세하기도 한다.

비상장주식을 평가할 때도 법인의 자산가액 중에서 토지·건물·부동산에 관한 권리의 합계액(이하 "부동산가액"이라 한다)이 자산총액의 50% 이상인 경우를 부동산과다보유법인이라고 구분하고, 일반법인은 수익가치에 더 큰 가중치를 부여하는 반면에 부동산과다보유법인에 대해서는 자산가치에 더 큰 가중치를 부여하기도 하며, 부동산가액의 비율이 자산총액의 80% 이상인 경우에는 자산가치로 평가한다.

양도소득세를 과세할 때에도 대주주에게는 원칙적으로 최고 25%의 세율로 과세하는 것과 달리, 특정주식에 해당하거나 골프장업 등을 영위하는 법인으로서 부동산가액의 비율이 자산총액의 80% 이상인 부동산과다보유법인 주식은 최고 45% 세율이 적용되는 기본세율로 과세하기도 한다.

이와 같이 부동산법인은 일반법인과는 많은 부분에서 차이가 있음에도 명확하게 구분하지 못하여 예상하지 못한 세금이 추징되기도 하고, 절세의 기회를 놓치기도 한다. 이에 따라 부동산법인의 구분, 평가방법, 절세요령 등에 대해 간략하게 정리한다.

▌부동산법인의 구분과 과세방법

세법에서 부동산법인은 일반법인과는 많은 부분에서 다른 취급을 하고, 적용하는 법률도 서로 다른 법률에서 다루고 있다. 주식에 대한 평가는 상속세 및 증여세법에서, 그 주식의 처분에 따른 양도차익에 대한 과세는 소득세법에서 규정하고 있다.

주식의 평가와 관련하여 비상장주식은 원칙적으로 1주당 순손익가치와 1주당 순자산가치 3과 2의 비율로 가중평균하여 계산한다. 반면에, 자산총액 중에서 부동산가액의 비율이 50% 이상인 부동산과다보유법인은 1주당 순손익가치에 2, 1주당 순자산가치에 대해 3의 비율로 가중평균하고, 부동산가액의 합계액이 자산총액의 80% 이상인 경우에는 1주당 순자산가치로 평가하도록 하고 있다.

이러한 평가방법에서 해당 법인이 보유한 자산총액과 부동산가액은 원칙적으로 상속세 및 증여세법에 따라 평가하지만, 부동산법인을 판정할 때는 소득세법을 준용하도록 함에 따라 원칙적으로 장부가액을 적용하되, 토지와 건물의 가액만은 장부가액과 기준시가 중 큰 금액을 적용하여 부동산의 비율을 산정하여 판정하게 된다.

양도차익에 대한 과세방법에 있어서도 부동산과다보유법인으로서, 특수관계인의 지분을 포함하여 해당 법인의 주식을 50% 이상 보유한 주주, 즉, 과점주주가 3년 이내에 50% 이상 처분하는 경우에는 특정주식이라고 구분하여 일반주식과 다르게 과세한다. 또한, 「체육시설의 설치 · 이용에 관한 법률」에 따른 골프장업 · 스키장업 · 휴양콘도미니엄업 · 전문휴양시설업 법인으로서 자산총액 중 부동산가액의 비율이 80% 이상인 법인의 주식에 대해서는 주식의 처분비율에 관계없이 부동산과다보유법인으로 구분하여 과세한다.

이러한 구분에 따라 일반법인의 주식을 양도할 때는 대주주의 경우에 최고 25%의 세율로 과세하는 데 반해, 특정주식 또는 부동산과다보유주식의 양도에 해당하는 경우에는 부동산의 양도와 같이 최고 45%의 초과누진세율로 과세한다.

일반법인과 부동산법인을 구분할 때 부동산가액의 비율은 원칙적으로 평가기준일 현재를 기준으로 하고, 평가기준일 현재 자산총액을 알 수 없는 경우에는 직전사업연도 종료일 현재의 자산총액을 기준으로 한다.

▌"부동산법인의 '주식'을 세법에서 '주식'으로 보게 하는 컨설팅" 필요

이상에서 살펴본 바와 같이, 일반법인의 주식을 양도할 때는 대주주에 해당하는 경우에는 최고 25%의 세율로 과세하고, 특정주식 또는 부동산과다보유주식에 해당하는 경우에는 최고 45%의 초과누진세율로 과세한다.

이러한 과세방법으로 부동산가액의 비율에 따라 부담하는 세금이 현저한 차이가 나게 되고, 이러한 차이가 나는 과세방법은 원칙적으로 평가기준일 현재를 기준으로 하고 있다. 이러한 점 때문에 평가기준일을 전후하여 조세를 회피하는 시도를 할 수도 있다.

세법에서는 이를 방지하기 위해 양도일부터 소급하여 1년이내의 기간 중에 차입금 또는 증자 등에 의하여 증가한 현금, 금융재산과 대여금은 자산총액에서 제외하도록 하고 있다.

그럼에도, 이러한 기준을 충족하면서 부동산의 비율을 조절할 수 있다면, 수익가치와 자산가치의 적용비율과 같은 평가방법과 그 결과에 따른 세금도 크게 달라지게 된다. 결국, 부동산의 비율이 50% 또는 80%의 경계에 있는 법인의 경우 '전략과 관리'를 통해 거래에 따른 세부담이 획기적으로 낮아질 수도 있다.

이러한 효과는 부동산을 처분하는 것으로 판단되는 상황이 주식을 처분하는 것으로 적용받을 수 있기 때문이다. 결국, 부동산법인의 '주식'을 세법이 일반법인의 '주식'으로 보게 하는 것이다.

김완일 컨설팅Team의 경험으로는, 부동산법인의 주식거래는 주식평가의 문제, 처분의 시기와 방법, 재무적 비율 등을 고려하여 거래전략을 수립하면, 절세효과를 얻을 수 있다. 이러한 방법으로도 해결이 어려울 때는 분할이나 합병 등으로 새로운 방법을 선택할 수도 있다.

부동산법인도 회사법의 적용을 받으니 회사법을 활용한 절세전략은 열려있다고 보아야 한다.

부동산법인의 주식은 세목에 따라 감정평가액이 적용되기도 하고, 기준시가를 적용하여 평가될 수도 있다. 또한 부동산과다보유법인과 일반법인에 대한 양도소득세 과세방법에서도 많은 차이가 있다.

부동산의 비율이 한계선상에 있는 경우에는 납부하는 세금에 많은 차이가 있어 컨설팅 소재로 활용할 수 있지만,

전문가의 도움이 없이 진행되면 많은 세금이 부과될 수 있다. 이러한 점은 컨설팅의 소재로 활용할 수 있다.

14
나날이 어려워지는 차명주식의 실명전환

김완일의
컨설팅수업

14
나날이 어려워지는 차명주식의 실명전환

세무사로서 법인의 주식 이동을 검토하다 보면, 생각보다 명의신탁주식이 많이 존재한다는 것을 알게 됩니다. 고객사의 민감한 문제이지만, 쉽게 실명 전환을 하지 못하고, 불편한 주제라 회사 대표도 말을 꺼내기 어려워하며 이러지도 저러지도 못하는 경우를 자주 보게 됩니다.
어떻게 하면 실명 전환을 할 수 있는지 그 방법을 알고 싶습니다.

▌차명주식의 발생과 경과

아직도 차명주식 때문에 골치 아파하는 사람들이 많이 있다. 차명주식은 과거에는 상법에서 정하는 수 이상의 발기인을 요건으로 하던 것이 주된 원인이었고, 일부의 경우에는 신용불량 등으로 자신의 이름으로 법인설립이 어려운 경우에 다른 사람의 이름을 빌려서 회사를 설립하기도 하였다. 다양한 사유로 발생한 차명주식은 시간의 경과로 그 사실을 입증하지 못하거나 차명주식에 따른 세금이 두려워 실명전환을 못하는 경우도 있다.

과거에는 상법에서 주식회사를 설립할 때 일정한 수 이상의 발기인을 요건으로 하였다. 처음에는 발기인을 7인 이상으로 하고, 자본금도 최소 5천만원 이상으로 제한하였다. 자본금의 하한을 정하는 상법 개정에 참여한 교수의 말을 빌리자면, 회사를 운영하려면 최소한 집 한 채 값은 투자해야 하고, 그 당시에 집 한 채 값이 5천만원 정도인 점을 고려하여 최소 자본금은 5천만원이 되었다고 한다.

법인을 설립할 때 자본금 5천만원을 마련하지 못해 법인설립등기를 하는 동안에 자본금을 빌리는 대가로 이자를 지급하고 설립하게 되어 법인설립 단계부터 엉터리 재무제표가 작성되고, 발기인도 차명으로 하였으니 가공거래 정도는 상식처럼 생각할 수도 있었다. 발기인은 7인에서 5인, 3인으로 완화하였다가 지금은 자본금과 함께 제한이 없어져서 다행스럽게 생각한다.

정부에서는 상법 규정 때문에 차명으로 법인을 설립할 수밖에 없었던 점을 고려하여 1997년부터 1998년까지 실명전환 유예기간을 두었지만, 실명전환으로 세무조사를 당할까 실명전환을 신고하는 사례는 많지 않았던 것으로 기억된다. 세법에서 유예기간을 두고 지원하였음에도 실명전환의 기회를 놓친 경우에는 차명주주가 사망하면 그 자손의 명의로 변경하기도 하고, 매매를 가장하여 변경하는 등 다양한 형태로 유지하고 있다.

국세청에서는 2014년부터 중소기업을 대상으로 「명의신탁주식 실제소유자 확인제도」를 시행하여 간소한 절차로 명의신탁주식의 실제소유자로 환원을 지원하고 있다. 상법상 발기인 규정으로 인해 법인설립시 부득이하게 주식을 다른 사람 명의로 등재하였으나 장기간 경과되어 이를 입증하기 어렵거나 세금부담 등을 염려하여 실제소유자 명의로 환원하지 못하고 있는 기업에 대하여 다소 증빙서류가 미비하더라도 복잡한 세무 검증 절차를 거치지 않고, 신청서류와 국세청 보유자료 등을 활용하여 간소한 절차로 명의신탁주식의 환원이 이루어지도록 하자는 것이다.

이러한 지원의 취지는 바람직하나 법인설립 당시의 발기인으로 제한하고 있어 법인설립 이후 사정에 따라 주주가 변경된 경우에는 적용대상이 되지 않고, 새로운 명의신탁에 대해 실명전환 과정에서 증여세 등의 세금을 감당할 수 없어 신청을 망설이고 있다.

국세청에서는 차명주식의 실명전환을 지원하면서도 다른 한편으로는 「차명주식 통합분석시스템」을 구축하여 명의신탁을 이용한 탈세 행위를 차단하는 노력도 함께 하고 있다. 이러한 노력에도 주식의 명의신탁은 여전히 악용되고 있고, 실제소유자의 탈루세액에 대한 추징과 조세범 처벌 우려, 명의자의 증여세 부담 등을 이유로 더욱 은밀하고 장기화하는 경향을 보이고 있다.

이에 따라 명의신탁재산에 대한 증여의제의 적용과 판례의 동향, 실명전환 요령에 대해 간략하게 정리한다.

▮ 명의신탁재산에 대한 증여의제 적용

권리의 이전이나 그 행사에 등기 등을 요하는 재산에 있어서 실제소유자와 명의자가 다른 경우에는 국세기본법 제14조의 규정에 불구하고 그 명의자로 등기 등을 한 날에 그 재산의 가액을 명의자가 실제소유자로부터 증여받은 것으로 본다. 이 규정은 "명의신탁 증여의제 규정"이라고 하며, 행정벌 성격으로 증여세를 부과한다. 명의신탁재산에 대한 증여의제는 부동산 부동산과 입목, 공장재단, 광업재단 등에 대해 과세했으나 부동산실명제의 시행으로 1997년부터는 토지와 건물은 제외되어 사실상 주식이 그 대상에 해당한다.

"명의신탁 증여의제 규정"은 법인을 설립할 때 발기인 요건을 충족하거나 신용불량 등으로 본인 명의로 할 수 없어서 타인의 명의를 빌릴 경우, 조세를 회피하는 목적으로 다른 사람의 명의로 취득한 경우에 적용한다. 이러한 규정도 2002년에는 주식을 취득하고 소유권취득일이 속하는 연도의 다음 연도 말일까지 명의개서를 하지 아니하는 경우에는 다음 날에 명의신탁한 것으로 보도록 하였다(명의개서해태 증여의제 규정).

예를 들어, 2024년 4월 1일 소유권 취득일이라면 2025년 12월 말일까지는 명의개서를 하여야 하고, 그 때까지 소유권 이전등기를 하지 않으면 2026년 1월 1일을 명의신탁일로 하여 증여세를 과세하게 된다. 이러한 규정도 '양도자'가 양도소득 과세표준신고 또는 증권거래세 신고와 함께 소유권 변동 내역을 신고하는 경우에는 명의개서해태 증여의제 규정의 적용을 배제하도록 하고 있다.

명의신탁재산에 대한 증여의제는 조세 회피의 목적 없이 타인의 명의로 재산의 등기등을 하거나 소유권을 취득한 실제소유자 명의로 명의개서를 하지 아니한 경우에는 이를 적용하지 않는다. 조세회피의 대상이 되는 조세는 국세 · 지방세 · 관세까지 확대하고 있어 조세회피 목적이 없다는 것을 입증하는 것은 사실상 불가능하다. 다만, "명의신탁에 부수하여 사소한 조세경감이 생기는 것에 불과하다면 '조세회피목적'이 있었다고 볼 수는 없다."라고 판시하여 일부의 예외가 인정되기는 한다.

명의신탁주식에 대한 증여세 과세는 최초 법인을 설립할 때 뿐만 아니라 차명으로 취득하는 경우, 유상증자 및 무상증자, 합병 등으로 새로운 주식을 취득하는 경우에 대해 각 단계별로 증여의제를 적용하고, 명의수탁자의 사망에 따라 장기간 명의개서를 하지 아니한 경우에 대해서도 증여세를 과세하기도 하였으나 일부에 대해 증여의제 적용을 배제하는 판례가 형성되기도 하였다.

최근에는 당초에 명의신탁한 것으로 취득하고 장기간 명의개서를 하지 않는 경우에는 "명의신탁 증여의제 규정"과 장기간 명의개서를 하지 않는 것에 대해 증여세를 과세하는 "명의개서해태 증여의제 규정"이 중복으로 적용되는 경우에 대해 당초 취득 당시의 "명의신탁 증여의제 규정"을 적용하고, 장기간 명의개서를 하지 아니하였다고 하여 "명의개서해태 증여의제 규정"은 적용할 수 없는 것으로 하는 판례도 있었다.

▮ '김완일 컨설팅 Team'의 절세조언

지금도 장기간 차명으로 주식을 보유하고 있는 경우에는 소유권을 회복하기 쉽지 않을 수 있다. 이런 경우에 대해 과세당국에서는 차명주식에 대한 세무조사를 강화하면서도 중소기업이 명의신탁하였던 주식에 대해 명의신탁주식 실제소유자 확인제도를 시행하여 차명주식의 양성화 노력을 하였다.

이러한 과세당국의 지원 노력에도 차명주식의 보유사실을 밝히는 순간 세무조사를 통하여 그동안 탈루하였던 각종 세금의 추징은 물론, 조세범처벌법 등의 처벌을 받을 수가 있어서 차명주식의 실명전환은 생각처럼 쉽지 않다.

일부에서는 제척기간을 이용하여 제척기간이 경과한 이후에 실명전환을 시도하기도 하고, 일부에서는 매매를 가장한 실명전환을 유도하는 경우도 있다고 한다. 그러나 제척기간은 2020년부터 명의신탁한 것은 명의신탁사실을 안 날로부터 1년 이내에 과세할 수 있도록 하여 사실상 제척기간의 활용이 어렵게 되고 있다. 또한, 매매를 가장한 실명전환은 반드시 금융거래가 수반되어야 하므로 가능하지도 않고 불법행위에 해당되어 그에 따른 책임이 수반되므로 가능한 일이 아니다.

실명전환을 유도하는 방법은 증여의제 시점별로 증여세 예상세액, 실명전환에 따른 배당소득을 실질귀속에 따라 재계산한 예상세액을 검토해서 실명전환 여부를 판단하여야 한다. 명의신탁사실의 입증은 주식취득대금 실제소유자의 계좌에서 인출된 사실이 금융기관이 발행한 계좌거래내역 등을 통하여 확인해서 할 수도 있고, 배당소득의 귀속에 따른 판정, 그 밖의 회사의 주주총회 또는 회사의 설립, 인수 등에서 실제소유자와 명의자와의 관계 확인 등으로 입증할 수도 있다. 다양한 사례별로 분석하여 부담세액을 최소화하는 방안의 검토가 필요하다.

참고로 대표적인 전략수립을 위한 점검 사항은 다음과 같다. 증여세 예상세액과 배당소득 실질귀속에 따른 세액계산을 점검해야 한다. 증여의제 시점별로 증여세 예상세액과 배당소득의 실질적인 소유자에 따라 세액을 재계산하는 것을 말한다. 이를 통해 실제 소유자에 따른 부담세액을 확인할 수 있다. 그 다음으로 명의신탁사실 입증이다. 주식취득대금이 실제 소유자의 계좌에서 인출되었는지를 금융기관이 발행한 계좌거래내역 등을 통해 확인할 수 있는데 이를 통해 명의자와 실제 소유자의 관계를 입증할 수 있다. 마지막으로 배당소득의 귀속에 따른 판정이 가능한데 배당소득이 실제 소유자에게 귀속되었는지 여부를 확인하는 것으로 이를 통해 명의자와 실제 소유자의 관계를 입증할 수 있다. 이와는 별개로 주주총회나 설립등의 관계서류를 통해 명의신탁 사실을 입증할 수 있을 것이다. 이러한 방법을 통해 명의자와 실제 소유자의 관계를 입증하고, 실명전환을 유도하여 부담세액을 최소화할 수 있다.

지금도 장기간 차명으로 주식을 보유하고 있는 경우에는 소유권을 회복하기 쉽지 않다. 이런 경우에 대해 과세당국에서는 차명주식에 대한 세무조사를 강화하면서도 중소기업이 명의신탁하였던 주식에 대해 명의신탁주식 실제소유자 확인제도를 시행하여 차명주식의 양성화 노력을 하였다.

이러한 과세당국의 지원 노력에도 차명주식의 보유사실을 밝히는 순간 세무조사를 통하여 그동안 탈루하였던 각종 세금의 추징은 물론, 조세범처벌법 등의 처벌을 받을 수가 있어서 차명주식의 실명전환은 생각처럼 쉽지 않다.

일부에서는 제척기간을 이용하여 제척기간이 경과한 이후에 실명전환을 시도하기도 하고, 일부에서는 매매를 가장한 실명전환을 유도하는 경우도 있다고 한다. 그러나 제척기간은 2020년부터 명의신탁한 것은 명의신탁사실을 안 날로부터 1년 이내에 과세할 수 있도록 하여 사실상 제척기간의 활용이 어렵게 되고 있다. 또한, 매매를 가장한 실명전환은 반드시 금융거래가 수반되어야 하므로 가능하지도 않고 불법행위에 해당되어 그에 따른 책임이 수반되므로 가능한 일이 아니다.

실명전환을 유도하는 방법은 증여의제 시점별로 증여세 예상세액, 실명전환에 따른 배당소득을 실질귀속에 따라 재계산한 예상세액을 검토해서 실명전환 여부를 판단하여야 한다. 명의신탁사실의 입증은 주식취득대금 실제소유자의 계좌에서 인출된 사실이 금융기관이 발행한 계좌거래내역 등을 통하여 확인해서 할 수도 있고, 배당소득의 귀속에 따른 판정, 그 밖의 회사의 주주총회 또는 회사의 설립, 인수 등에서 실제소유자와 명의자와의 관계 확인 등으로 입증할 수도 있다. 다양한 사례별로 분석하여 부담세액을 최소화하는 방안의 검토가 필요하다.

참고로 대표적인 전략수립을 위한 점검 사항은 다음과 같다. 증여세 예상세액과 배당소득 실질귀속에 따른 세액계산을 점검해야 한다. 증여의제 시점별로 증여세 예상세액과 배당소득의 실질적인 소유자에 따라 세액을 재계산하는 것을 말한다. 이를 통해 실제 소유자에 따른 부담세액을 확인할 수 있다. 그 다음으로 명의신탁사실 입증이다. 주식취득대금이 실제 소유자의 계좌에서 인출되었는지를 금융기관이 발행한 계좌거래내역 등을 통해 확인할 수 있는데 이를 통해 명의자와 실제 소유자의 관계를 입증할 수 있다. 마지막으로 배당소득의 귀속에 따른 판정이 가능한데 배당소득이 실제 소유자에게 귀속되었는지 여부를 확인하는 것으로 이를 통해 명의자와 실제 소유자의 관계를 입증할 수 있다. 이와는 별개로 주주총회나 설립등의 관계서류를 통해 명의신탁 사실을 입증할 수 있을 것이다. 이러한 방법을 통해 명의자와 실제 소유자의 관계를 입증하고, 실명전환을 유도하여 부담세액을 최소화할 수 있다.

명의신탁주식은 차명주식이라는 사실을 입증해서 제척기간이 만료된 다음에실명전환하는 것이 가장 현명한 선택이다. 차명주식은 매매를 하거나 유상증자를 할 때마다 새로운 명의신탁주식으로 분류되어 실명전환을 어렵게 한다.

명의신탁의 경우에 제척기간은 15년 이지만, 2020년부터 명의신탁한 것은 안날로부터 1년이다. 이러한 점을 고려해서 납세자가 현명하게 선택할 수 있도록 안내해야 한다.

15
신혼부부, 세금없이 최대 7억원까지 증여받기

김완일의
컨설팅수업

15
신혼부부, 세금없이 최대 7억원까지 증여받기

저출생과 고령화 사회를 극복하기 위해 정부는 청년들에게 일자리 마련을 지원하고, 결혼과 출산을 장려하기 위해 다방면으로 노력하고 있다고 알려져 있습니다.

최근에 정부에서는 청년이 결혼하거나 자녀를 출산할 때 부모로부터 금전을 증여받으면 증여세를 면제해주는 방법이 있다고 하여 자주 문의를 받고 있습니다.

자녀가 결혼하고 자녀를 출산할 때 최대한 지원할 수 있는 방안에 대해 알고 싶습니다.

▌혼인·출산에 대한 조세지원

우리나라는 저출산 고령화 사회에 대비하기 위해 많은 예산을 투입하여 지원하고 있으나 출산율이 높아졌다는 통계는 나타나지 않고 있다. 저출산은 합계 출산율이 2.1명 이하로 지속되는 현상으로써, 초저출산은 합계 출산율이 1.3명 이하인 현상을 말한다. 우리나라는 2001년부터 이미 초저출산 사회에 접어들었고, 이를 해결하기 위해 다양한 지원을 하고 있다.

저출산의 원인은 자녀 양육에 대한 경제적 부담 증가 등의 경제적 요인과 결혼과 가족에 대한 가치관 변화, 여성의 사회 참여 증가 등 복합적으로 작용하고 있다고 판단된다. 특히, 최근에는 청년층의 취업이 어렵고 취업을 하더라도 고용 상태가 불안정한 경우가 많아 결혼과 출산을 미루거나 피하는 사례가 증가하고 있다고 한다.

언론 보도에 따르면, 최근에는 주택 가격의 급격한 상승으로 주거가 안정되지 않아 청년이 결혼을 회피하고 있는 것도 출산율 저하의 한 원인이 되고 있다. 정부에서는 청년의 주택마련을 위해 무주택 청년이 전용 청약 통장에 가입하면 저리로 대출을 받고, 결혼이나 출산을 하면 추가 금리 혜택을 받을 수 있도록 지원하고 있다고 한다.

한편, 최근에는 청년의 결혼자금을 세제 측면에서 지원하기 위해 '혼인증여재산공제'를 신설하고 1억원을 증여세 과세가액에서 공제할 수 있는 세법 개정안을 발표하기도 하였다. 정부의 세법 개정안 발표에 대해 일부 언론에서는 형평성 문제를 제기하는 등으로 국회에서 통과될지가 관심사였으나 최근 국회 기획재정위원회에서 개정안이 통과되었다.

혼인증여재산공제 개정안이 국회 본회의를 통과하면, 부모로부터 재산을 증여받는 경우 5천만원의 증여재산공제가 가능하고, 결혼할 때 혼인·출산 증여재산공제로 1억원이 추가로 공제할 수 있게 된다. 이러한 지원에도 주택의 취득 또는 결혼자금이 부족한 경우에는 부모로부터 일정한 금액을 무이자로 빌려도 증여세가 과세되지 않는 점도 활용할 수 있다.

이에 따라 청년이 결혼할 때 부모로부터 지원받을 수 있는 증여재산공제와 무이자로 빌려줄 수 있는 범위 등에 대해 간략하게 정리한다.

▮ 혼인 · 출산증여재산공제 관련 법령

증여재산공제는 증여세 산출세액을 계산하는 기준이 되는 증여세 과세표준을 계산할 때 증여세 과세가액에서 공제하는 항목을 말한다. 배우자와 직계존비속, 친족으로부터 증여받는 경우

수증자를 기준으로 10년간 증여받은 재산가액을 합산한 증여세 과세가액에서 공제할 수 있다.

증여재산공제는 증여자에 따라 다르며, 배우자로부터 증여받은 경우에는 6억원, 직계존속이나 직계비속으로부터 증여받은 경우에는 5천만원(수증자가 미성년자인 경우에는 2천만원), 6촌 이내의 혈족, 4촌 이내의 인척으로부터 증여받은 경우에는 1천만원을 공제받을 수 있다.

이러한 증여재산공제와는 별도로 이번에 국회 기획재정위원회에서 통과된 세법 개정안에서는 청년의 결혼자금을 지원하기 위해 혼인신고일 이전 또는 이후 2년 이내(총 4년)에 1억원을 공제할 수 있게 혼인증여재산공제를 신설하였다. 이 개정안에는 국회 논의 과정에 자녀 출산일로부터 1년 이내에 1억원을 증여하는 경우에도 출산증여재산공제로 1억원을 공제하되, 혼인증여재산공제와 출산증여재산공제를 합하여 1억원을 한도로 하였다.

한편, 다른 사람으로부터 금전을 무상으로 또는 적정 이자율보다 낮은 이자율로 대출받은 경우에는 그 금전을 대출받은 날에 그 차액에 대해 그 금전을 대출받은 자의 증여재산가액으로 하여 증여세를 과세한다. 무상 대출 또는 낮은 이자율의 기준은 현재 연리 4.6%를 적용하고 있다. 무상 또는 낮은 이자율로 대출한 것에 대한 증여세 과세는 연간 1천만원 이상 되어야 가능하므로 이자 상당액이 1천만원 이상 되려면 2억1천700만원 이상이 되어야 한다. 따라서 2억원 이하의 금전을 무상으로 대출하는 경우에는 증여세가 과세되지 않는다.

▌'김완일 컨설팅 Team'의 절세조언

우리 주변에서는 부모가 자녀가 결혼하고 독립적으로 거주할 수 있도록 지원하기 위해 다양한 고심을 하고 있다. 그 대표적인 방법으로 주택을 취득할 때 부담부증여를 통해 취득하고 채무는 추후 자녀가 갚도록 하기도 한다.

부모들은 자녀가 결혼해서 거주할 수 있는 주택마련을 찾고 있던 중 지난 여름에 정부에서 발표한 세법 개정안에 대해 무척 반기는 분위기가 있었다. 이러한 기대와는 달리 혼인증여재산공제를 신설하면 이를 지원받지 못하는 자녀와 형평성 문제가 있다고 하여 회의적인 여론도 있었으나 개정안은 최근에 국회 기획재정위원회를 통과하였다.

혼인증여재산공제 개정안이 국회 본회의를 통과하면, 부모로부터 재산을 증여받는 경우에 5천만원의 증여재산공제와 결혼할 때 1억원의 혼인증여재산공제를 지원받으면 합계 1억5천만원까지는 증여세 부담 없이 재산을 증여받을 수 있게 된다. 신혼부부 양가로부터 각각 1억5천만원을 지원받으면 3억원까지는 주택

취득자금을 마련할 수 있다.

이러한 자금으로도 주택취득자금이 부족한 경우에는 부모로부터 일정한 금액까지는 무상으로 대출받을 수도 있다. 현행 세법에서는 2억원 정도를 무상으로 빌리는 경우에는 증여세를 부담하지 않게 되며, 신혼부부 양가로부터 같은 금액을 빌리면 최대한 7억원까지는 증여세 부담 없이 주택 취득자금을 마련할 수 있다. 이러한 지원으로 청년 스스로가 경제활동을 하면서 마련한 금전을 합하면 주택 취득에는 무리가 없을 것으로 판단된다. 기업에서는 정부의 지원으로 저율의 증여세 특례세율에 의해 가업승계가 이루어지듯이, 청년이 부모로부터 증여세가 면제되는 자금으로 주거의 안정을 통해 조기에 결혼하고 다산의 가정을 꾸리는 행복한 가정의 승계를 기대한다.

자녀에게 증여할 때 성년의 경우에 5천만원의 증여재산공제 이외에, 결혼하거나 자녀를 출산할 때 1억원의 증여에 대해 증여세를 과세하지 않는 출산증여재산공제가 도입되었다.

증여재산공제 이외에 다른 사람에게 금전을 빌려줄 때도 연간 이자를 계산한 그액이 1천만원 이상 되지 않으면 증

여세를 과세하지 않으며, 그 이자에 상당하는 금액은 2억원 정도이다. 이런 점을 감안하면, 자녀가 결혼을 할 때 양쪽 가정으로부터 3.5억원씩 7억원 정도는 증여세 과세 없이 부모로부터 증여받거나 빌릴 수 있다.

16
자본준비금의 감액 배당에 대한 경고

김완일의
컨설팅수업

16
자본준비금의 감액 배당에 대한 경고

이익 배당은 배당소득으로 종합소득에 과세되어, 과세표준이 10억 원 이상인 경우 세금으로 절반에 해당하는 금액을 내야 합니다. 그래서 고객사들은 좀처럼 배당을 하지 않고 있습니다. 반면에 출자금을 반환하는 경우에는 배당소득으로 과세되지 않는다고 합니다. 그중에서도 자본준비금을 감액 배당하면 법인과 개인에 따라 과세방법이 다르다고 하여, 감액 배당에 대한 과세여부가 불확실합니다.

자본준비금의 감액 배당을 활용한 컨설팅 방안에 대해 알고 싶습니다.

▌감정배당에 대한 입법적 보완 동향

법인은 결산 마감일로부터 3개월 내에 정기 주주총회를 개최하고 한 해 동안의 성과를 보고해야 한다. 이때 지난 결산기의 성과가 좋은 기업들은 주주총회 결의로 투자자들에게 성과를 분배하게 되는데, 이를 배당이라 한다. 우리나라 대부분 기업들은 12월을 결산 기일로 하고 있기 때문에 3월은 정기 주총의 시기이고, 많은 기업의 정기 주총 결산을 준비해야 하는 자격사들은 눈코 뜰 새 없이 바쁘다. 하지만 우량한 기업의 주식을 보유한 투자자들은 두둑한 주머니 사정에 배가 절로 부르다.

기업의 배당금은 개인이 현금으로 받으면 종합소득세로, 법인이 현금으로 받으면 법인세로 과세된다. 배당을 받을 때 주식으로 받는 등 현금으로 받는 것과 유사한 경우에도 배당으로 보아 현금배당과 같이 취급하여 과세한다. 특별히, 개인 납세자의 경우 과세표준이 10억 원을 초과하면 지방소득세를 포함하여 49.5%를 납부해야 한다.

대부분 주주가 가족 등의 이해관계자로 구성된 비상장 기업의 경우 배당에 따른 과도한 과세부담으로 인해 대체로 배당을 망설이게 된다. 자연스럽게, 세금 부담이 없거나 적은 방법을 제시하는 컨설팅 시장이 형성되었고, 절세를 위한 다양한 방법의 하나로 제시되는 것이 자본준비금의 감액배당이다. 기존에는 자본준비금의 감액배당과 관련하여 의제배당으로 과세되는 부분을 제외하고는 세금을 과세하지 않았으나 지난해부터 법인의 경우에 주식의 장부가액을 한도로 하는 것으로 개정되어 컨설팅 시장이 긴장하고 있다.

자본준비금에 대한 세법개정 경과를 살펴보면 종전에는 결손보전과 자본전입의 용도로만 사용할 수 있었으나, 2011년 개정 상법에서는 적립한 자본준비금 및 이익준비금의 총액이 자본금의 1.5배를 초과하는 경우 주주총회의 결의에 따라 그 초과하는 금액의 범위에서 자본준비금 및 이익준비금을 감액하여 배당 등의 재원으로 사용할 수 있도록 하였다.

이러한 개정 상법에 따라 주식발행초과금, 감자차익 등과 같은 자본준비금은 배당의 재원으로 활용할 수 있고, 주주가 납입한 금액이므로 그 금액을 감액하여 받는 배당은 투자금을 환급받은 것에 불과하므로 상법에 따른 주주총회 결의에서 자본준비금을 감액하여 받은 배당에 대하여 법인주주는 익금에 산입하지 않고, 개인주주는 배당소득으로 보지 않았다.

그러나 법인세법에서는 의제배당으로 과세되는 자본준비금의 배당을 제외하고 있을 뿐, 감액배당에 대한 구체적인 범위에 대해서는 설정하고 있지 않아 법률해석에 관련한 다툼의 여지가 있었다. 특히, 익금불산입되는 한도와 관련해서 법률에서는 어떠한 제한을 두고 있지 않고 다만 해석을 통해 자본준비금 감액 배당금 수령 시 주식 장부가액에서 차감하고, 장부가액을 초과한 금액에 대하여도 익금에 산입하지 않는 것으로 하였다.

이러한 해석은 타인으로부터 주식을 취득한 후 주식발행법인이 자본준비금을 감액할 경우, 자본준비금 감액 배당금이 장부가액을 초과하는 경우가 발생할 가능성이 있는데, 이는 초과금액을 익금 불산입하는 것으로 해석하게 된다.

이때, 법인 입장에서는 전체 주주 집단의 투자원본을 반환한 것으로 볼 수 있지만, 주주 간에는 발행가격이 높은 주주와 발행가격이 낮은 주주 간에 손익의 실현으로도 볼 수 있다. 따라서, 낮은 가격에 출자한 주주는 후에 지분 가치를 높게 평가한 주주가 납입한 출자금을 법인에 쌓아두었다가 감액배당을 계기로 자신의 투자원본 이상을 반환받을 경우 이익이 실현된 것으로 볼 수 있어, 장부가액을 초과하는 금액에 대해서는 익금에 산입하는 것으로 개정했다.

이와 함께 2024년부터는 자본준비금을 감액하여 받는 배당에 대한 익금 불산입의 대상에 3% 재평가적립금이 제외되도록 했다. 이러한 개정을 계기로 감액배당과 관련한 내용의 정리와 컨설팅을 할 때 고려할 사항을 간략하게 정리하고자 한다.

■ 감액배당에 대한 상법과 법인세법의 취급

법인세법에서는 배당금에 대해서는 순자산의 증가를 가져오므로 익금으로 산입해 법인세를 과세하지만 출자액을 돌려받는 경우에는 원칙적으로 익금으로 산입하지 않는다. 이에 따라 자본준비금에 해당하는 주식발행액면초과액, 주식의 포괄적 교환차익 및 이전차익, 감자차익, 합병차익과 분할차익 등의 자본전입은 익금에 산입하지 않는다.

한편, 상법에서 회사는 그 자본금의 2분의 1이 될 때까지 매 결산기 이익배당액의 10분의 1 이상을 이익준비금으로 적립해야 하고, 자본거래에서 발생한 잉여금을 자본준비금으로 적립해야 하며, 이 때 발생한 준비금은 자본금의 결손 보전에 충당하는 경우 외에는 처분하지 못하지만, 준비금의 전부 또는 일부를 자본금에는 전입할 수 있다. 또한, 이 때 적립된 자본준비금 및 이익준비금의 총액이 자본금의 1.5배를 초과하는 경우에 주주총회의 결의에 따라 그 초과한 금액 범위에서 자본준비금과 이익준비금을 감액할 수 있다.

상법이 자본준비금을 감액하여 배당할 수 있도록 개정됨에 따라, 자본거래의 성격을 지니는 금액을 재원으로 한 배당에 대해서는 익금으로 보지 않게 되었다. 이러한 배당소득에 대한 익금불산입은 자본거래에 대하여 과세하지 않는 측면도 있지만 이

중과세를 조정하는 측면도 있다.

재평가적립금의 경우 성격상 납입자본이 아닌 평가차익에 불과하고, 재평가세 납부 및 자본충실화 목적 등에 한해 제한적으로 사용될 수 있으며, 사외유출이 원칙적으로 금지된다는 점에 비추어 재평가적립금의 감액을 통한 배당은 불가능하다. 법무부에서도 법령 해석을 통해 상법 및 기업회계기준상 재평가적립금은 상법상의 자본준비금으로 보기 어렵다고 밝히고 있다.

적격합병 또는 적격분할 시 차익(합병차익 또는 분할차익)을 감액배당하는 경우 해당 차익은 상법상 자본준비금으로서 익금불산입 대상이 되나, 차익에 포함된 피합병법인 또는 분할법인의 3% 재평가적립금에 해당하는 금액은 원래의 성격이 의제배당을 구성하는 자본준비금으로서 감액배당 시 익금산입 대상에 해당함에도 차익에 포함되어 감액배당 시 익금불산입되는 문제가 발생한다. 이에 따라 적격합병 또는 적격분할 시 차익에 포함된 피합병법인 또는 분할법인의 3% 재평가적립금을 감액하여 받는 배당에 대해서도 익금불산입에서 제외하도록 했다. 이는 자본거래의 성격을 지니는 금액을 재원으로 한 배당에 대해서는 익금으로 보지 않으려는 취지인 반면, 재평가적립금은 성격상 납입자본이 아닌 평가차익에 불과하다는 것이다.

이러한 흐름에 따라, 지난 해에는 법인이 자본준비금을 감액배당을 받는 경우에는 주식의 장부가액을 한도로 하여 과세하지 않되, 장부가액을 초과하는 부분에 대해서는 법인세로 과세가 되고, 자본준비금 중에 재평가적립금에 대한 감액배당도 익금산입이 되는 것으로 개정되었다.

■ '김완일 컨설팅 Team'의 절세조언

자본준비금의 감액배당은 절세 컨설팅의 중요한 소재가 되어 왔다. 회사의 주식가치가 큰 경우에 부동산의 현물출자, 부모의 가수금 출자전환, 외부에서의 신규사업 투자 등을 통해 자본준비금이 발생한다. 법인세법에서는 이때 발생된 자본준비금을 감액배당하는 경우에 대한 의제배당으로 보지 않는 것으로 해석했으나, 지난 해부터 자본준비금의 감액배당에 대해서는 주식의 장부가액을 초과하는 부분에 대해서는 익금산입하는 것으로 개정했다.

반면에 소득세법에서는 법인세법과는 달리 의제배당에 따른 과세로 개정되지 않았고, 해석을 통해 내국법인이 자본준비금을 감액한 금액을 주주총회 결의에 따라 배당하는 경우에 당해 내국법인의 주주는 그 결의에 따라 자본준비금을 감액한 금액을 배당받은 것으로 보는 것이고, 그 지급받은 주주의 배당소득에 포함하지 않는 것으로 해석하고 있다.

이러한 해석에 대해 소득세로 과세하지 않으면 낮은 가격에 출자한 주주는 기업가치가 증가된 이후에 높게 평가된 지분가치로 출자한 주주가 납입한 출자금을 법인에 쌓아두었다가 감액배당을 계기로 자신의 투자원본 이상을 반환받아 이익이 실현될 수 있어 증여세를 부과할 수 있다고 예상하기도 한다. 그러나 이러한 과세를 하려면 증여의제로 별도 규정을 하지 않는 한 적용될 여지가 없다.

다만, 소득이 있는 곳에 세금이 있다는 과세원리는 소득세와 법인세가 크게 다를 바 없으므로 소득세법의 입법 보완도 충분히 예견된다. 따라서 자본준비금의 감액배당을 통한 절세계획은 전문가를 통해 신속하고 정확하게 진행해야 할 것으로 판단된다.

자본의 환급에 대해서는 과세를 하지 않는 것은 당연하다. 자본준비금의 감액배당은 자본의 환급에 해당하므로 원칙적으로 과세를 하지 않는다. 다른 사람이 출자할 때 발생한 자본준비금이 기존의 주주가 환급받을 때에도 과세되지 않는가 하는 문제이다. 나라마다 과세방법이 다르기는 하지만 우리나라에서는 여전히 개인 주주가 받는 감액배당에 대해서는 과세하지 않는 점을 컨설팅에 활용해 보자.

17
주식평가 시 '퇴직급여 부채'의 두 얼굴

김완일의
컨설팅수업

17
주식평가 시 '퇴직급여 부채'의 두 얼굴

임직원에 대한 퇴직급여는 회사가 지급해야 할 채무라는 것은 분명합니다. 그런데 비상장주식을 평가할 때 부채에 가산하는 퇴직급여 추계액과 퇴직급여충당부채의 가감 여부가 매우 혼란스럽습니다.

퇴직급여는 금액이 커서 평가액에도 큰 영향을 미치기 때문에, DB형과 DC형의 구분에 따른 퇴직급여 추계액과 퇴직급여충당부채의 가감 여부에 대해 자세히 알고 싶습니다.

▌퇴직급여와 관련한 부채 적용 현황

비상장주식을 평가할 때 퇴직급여를 부채에 가산하는 것과 관련된 질문을 자주 받는다. 비상장회사의 자산가치를 계산할 때 순자산가액은 자산총계에서 부채총계를 차감하여 계산하는데, 평가기준일 현재 해당 법인의 임직원이 전원 퇴직할 때 지급해야 하는 퇴직급여 상당액인 퇴직급여추계액을 실질적인 부채로 간주하여 이를 부채에 가산해야 한다.

퇴직급여 추계액을 부채에 가산하면 결산할 때마다 반영된 퇴직급여충당부채와 중복 계산의 문제가 발생한다. 퇴직급여충당부채는 세법에서 엄격하게 규제하고 있어 일부 금액은 부인되기도 하여, 세무상 부채와 기업회계상 부채가 다를 수 있다. 이러한 점 때문에 어느 금액을 부채로 적용하는지에 대한 질문을 받게 된다

퇴직급여와 관련된 부채 인정범위에 대한 설명은 간단하지 않다. 퇴직급여와 관련된 채무의 적용이 복잡한 이유는 해당 법인이 선택한 퇴직연금의 지급방식, 법인이 설정한 임직원에 대한 퇴직급여 지급기준, 세법이 강제하는 손금산입 범위, 퇴직급여충당부채와 연계된 퇴직연금운용자산 등 다양한 이슈가 포함되어 있기 때문이다.

퇴직급여는 세법 이외에도 다양한 법률과 제도가 결합되어 있어, 설명하는 사람마다 다르게 설명될 수 있다. 이것을 잘못 이해하여 다른 금액을 적용하면 그 평가액과 큰 차이가 발생할 수 있다. 순자산가액을 계산하는 서식에서는 퇴직급여추계액은 가산한다고 되어 있고, 충당금, 준비금 등은 부채에서 차감한다고 되어 있어 적용 범위에 대해 신중한 판단이 필요하다.

퇴직급여추계액은 오래전에는 퇴직급여충당부채의 설정 범위를 퇴직급여 추계액의 50%만 적용한 적이 있어 퇴직급여추계액의 50%만 부채로 인정한 적도 있었으나, 대법원의 판결에 따라 전액을 부채로 공제하도록 한 것을 계기로 전액을 부채에 가산하는 것으로 개정되었다. 이러한 퇴직급여는 최근에는 퇴직연금제도를 통해 해결하도록 하고 있으나, 선택한 방법에 따라 부채의 인정범위가 상이하고, 회사마다 퇴직급여 계산방법도 다를 수 있어 다양한 사정을 고려해야 한다.

이에 따라 퇴직급여추계액, 퇴직급여충당부채, 퇴직연금 등에 대해 간략하게 정리하고, 부채의 가감 범위와 관련된 고려요소 및 컨설팅 요령에 대해 간략하게 정리한다.

▮ 퇴직급여추계액과 퇴직급여충당부채의 부채 가산과 차감

비상장주식을 평가할 때, 평가기준일 현재 재직 중인 임원 또는 사용인 전원이 퇴직할 경우 지급해야 할 퇴직급여의 추계액을 부채에 가산한다. 퇴직급여 추계액은 평가기준일 현재 임직원(확정기여형 퇴직연금 및 개인퇴직계좌에 가입한 자는 제외한다)의 전원이 퇴직할 경우 지급해야 할 금액을 말한다.

퇴직급여는 사규나 퇴직급여지급규정에 따라 계산하며, 퇴직급여지급규정이 없는 경우에는 「근로자퇴직급여 보장법」에 따라 계산된 금액을 기준으로 한다. 회사가 퇴직금을 직접 지급할 수도 있지만, 퇴직연금제도를 통해 근로자 퇴직금의 수급권을 보장하기 위해 「근로자퇴직급여보장법」에 따라 2005년 12월 1일부터 회사에서 퇴직금을 지급하는 대신 금융기관에 퇴직금 상당액을 예치하도록 하고 있다. 근로자는 퇴직 시 이를 연금 또는 일시금으로 지급받아 실질적인 노후 생활을 보장받을 수 있다.

퇴직연금은 사용자가 정해진 주기에 따라 퇴직연금사업을 하는 금융기관에 일정 금액 이상을 적립하고, 근로자는 퇴직 후 적립금을 연금 또는 일시금의 형태로 선택하여 받을 수 있다. 퇴직연금은 자산의 운용 주체에 따라 법인이 부담하는 확정급여형 퇴직연금(DB형)과 퇴직연금사업자가 부담하는 확정기여형 퇴직연금(DC형)으로 구분되고, 퇴직급여 책임을 부담하는 주체에 따라 순자산가액을 계산할 때 부채에 퇴직금 추계액 및 퇴직급여충당부채의 가감 여부가 달라진다.

확정급여형(DB형)으로 퇴직연금을 가입한 경우, 퇴직급여충당부채의 설정은 원칙적으로 "퇴직급여 지급대상이 되는 임원 또는 사용인에게 해당 사업연도에 지급한 총급여액의 5%에 상당하는 금액으로 한다." 반면에 확정기여형 퇴직연금(DC형)의 경우, 회사의 퇴직금 적립과 동시에 퇴직금 지급의무가 퇴직연금사업자에게 위임되고, 퇴직연금사업자는 근로자의 지시에 따라 적립금을 운용하다가 근로자 퇴직 시 퇴직금을 지급하면서 종료되므로, 회사에는 부담할 책임이 발생하지 않는다.

따라서, 확정기여형(DC형) 퇴직연금의 경우 퇴직급여충당부채를 설정하지 않는다. 확정급여형(DB형) 퇴직연금의 경우, 퇴직금 추계액을 부채에 포함하지만, 재무상태표에 기록된 퇴직급여충당부채와 단체퇴직보험충당부채는 부채에서 제외해야 한다.

부채에서 차감하는 퇴직급여충당부채는 퇴직연금운용자산과 국민연금전환금을 차감하기 전의 금액을 말한다. 즉, 퇴직급여충당부채 총액을 차감해야 한다. 재무상태표에서 퇴직연금운용자산 등은 자산 항목에 해당하지만 비교가능성을 높이기 위해 부채에서 차감하는 형식으로 표시할 뿐이다. 예를 들어, 퇴직급여충당부채가 20억 원이고 퇴직연금운용자산 16억 원이 계상되어 충당부채의 순액은 4억 원으로 계상되어 있더라도 부채에서 차감하는 퇴직급여충당부채는 20억 원으로 한다.

■ '김완일 컨설팅 Team'의 절세조언

회사가 임직원에게 지급해야 하는 "퇴직급여로 지급되어야 할 금액의 추계액"은 정관이나 기타 퇴직급여 지급에 관한 규정에 따라 계산한 금액을 말한다. 퇴직급여 지급 규정이 없는 법인의 경우에는 「근로자퇴직급여 보장법」에 따라 계산한 금액으로 한다.

비상장주식을 평가할 때, 평가기준일 현재 재직 중인 임원이나 직원이 전원 퇴직할 경우 지급해야 할 퇴직급여 추계액을 부채에 가산한다. 퇴직급여 추계액은 평가기준일 현재 임직원(확정기여형 퇴직연금 및 개인퇴직계좌에 가입한 자는 제외)이 전원 퇴직할 경우 지급해야 할 금액을 말한다.

이러한 퇴직급여는 비상장주식을 평가할 때 현실적으로 퇴직하지는 않았지만 퇴직 시 지급해야 하는 것으로써 평가기준일 현재의 퇴직급여 추계액을 부채로 가산한다. 임원의 경우, 회사에 대한 기여도가 크므로 과거에는 일반 직원의 4~5배에 해당하는 퇴직급여를 지급하기도 했으나, 과도한 퇴직급여 남용을 방지하기 위해 현재는 2배로 제한하고 있다.

비상장주식 거래와 관련하여 고가 또는 저가로 거래하거나 증자 또는 감자를 했을 때, 해당 법인의 주식평가액이 시가보다 높게 평가되었다고 세무서로부터 소명 요청을 받는 경우가 빈

번하다. 국세청이 판단하는 고가 또는 저가 거래는 해당 법인이 신고한 법인세 과세표준 신고내용을 기초로 간이평가하여 판단한다.

납세자가 신고하거나 거래한 내용과 차이가 나는 원인은 주로 해당 법인의 퇴직급여 추계액에서 발생한다. 퇴직급여 추계액은 국세청이 보유한 빅데이터를 활용해 계산하지만 한계가 있다. 주식 거래와 관련한 저가 또는 고가 거래에 대한 소명 요청이 있을 경우, 퇴직급여 추계액의 부채 가산과 충당금의 부채 차감을 함께 고려하여 소명하는 것이 바람직하다.

퇴직금과 관련한 다양한 컨설팅 사례들이 존재해 왔다. 퇴직금을 활용하여 주가를 낮추고, 회사로부터 거금을 가져가는 전략이 일시적으로 통용되던 시절이 있었다. 한 때는 정관에 퇴직금을 6배로 적시하면 낮은 세율로 퇴직금을 수령하고, 그 다음 해에 주가를 낮추는 효과도 누릴 수 있었다. 단순히 정관만 바꾸면 이러한 전략이 통했던 시절이 잠시 있었다.

그러나 과세관청도 이 문제를 인지하고 빠르게 체계를 정비했다. 조사 방법과 과세 논리를 개발하고, 이를 기반으로 한 조사가 이어지면서 많은 유사 컨설팅이 분쟁으로 비화되었다. 과세 논리는 특정인을 위한 허술한 컨설팅을 문제 삼았다. 서투른 제안은 몇몇 운 좋은 이들에게는 일시적인 혜택을 주었으나, 많은 사람들은 결국 추징의 고통을 겪게 되었다.

컨설팅은 세법이나 회사법을 활용하지만, 항상 과세관청이라는 상대를 고려해야만 안전하다. 이는 지금까지의 경험을 통해 얻은 중요한 교훈이다.

퇴직급여는 회사가 임직원에게 지급해야 하는 부채이다. 퇴직연금이 확정급여형 퇴직연금(DB형)인 경우에는 회사가 지급해야 할 부채에 해당하므로 퇴직급여 추계액을 부채에 가산하고, 퇴직급여충당부채는 재무상태표에서 퇴직연금예치금을 차감하는 형식으로 기재되어 있으므로 그 총액을 부채에서 차감하고, 확정기여형 퇴직연금(DC형)은 회사가 부담했으므로 부채에 가산하지 않는다.

18
개인사업자의 가업승계, 부동산 있다면 무조건 법인전환이 유리

김완일의
컨설팅수업

18
개인사업자의 가업승계, 부동산 있다면 무조건 법인전환이 유리

제가 알기로 가업승계에 대한 증여세 과세특례는 원칙적으로 법인사업자를 대상으로 하고 있습니다. 그런데 제 고객 중에 공장을 운영하는 개인사업자가 계신데, 그분이 자녀에게 공장을 물려주고 싶어 하십니다.
이런 경우에 가업승계를 활용하여 컨설팅을 진행하려면 어떤 방법으로 도와드리면 좋을까요? 적절한 방안을 알고 싶습니다.

▮ 개인기업에 대한 가업승계

개인사업자가 가업승계에 대해 상담을 할 때는 법인전환을 권장하게 된다. 개인사업자는 사업을 시작할 때는 편리하지만 사업이 안정적이라고 확신이 들면 자녀에게 가업승계를 고려하게 되고, 개인사업자는 가업승계 특례제도를 적용할 수 없으므로 법인전환을 고려하게 된다.

개인사업자는 한 사람의 의사결정으로 창설할 수 있어서 누구의 간섭도 받지 않고 경영활동을 하고, 그 결과에 대해서 혼자 책임지면 되는 편리한 측면이 있다. 그렇지만 기업의 규모가 확장되면 혼자서 의사결정을 하는 데는 한계가 있고, 자금조달에도 어려움이 있어 법인전환이 필요하다고 생각한다.

법인으로 전환하면 기업의 대외신인도와 이미지 제고에도 도움이 되고, 자금조달도 유리해 질 수 있다. 무엇보다도 회사의 영업이익에 대해 종합소득세로 납부하는 것보다는 법인세로 납부하는 것이 적어 사내 유보된 자금을 운영자금으로 활용할 수 있고, 사업확장에도 도움이 될 수 있다. 이러한 유리한 점은 있지만 법인전환 과정에서 소요되는 각종 세금과 수수료, 개인에서 법인으로 소유 관계를 변경하는 경우에는 양도소득세, 취득세 등이 발생하는 단점도 있다.

가업승계에 대한 증여세 과세특례는 주식으로 증여하는 경우에 적용할 수 있으므로 개인사업자의 경우에는 적용대상이 되지 아니한다. 가업상속공제의 경우에도 사업과 관련된 모든 자산가액에서 부채를 뺀 금액을 자산가액으로 하여 주식가치를 평가한다. 반면에 개인사업자의 경우에는 가업에 직접 사용되는 토지, 건축물, 기계장치 등 사업용 자산의 가액에서 해당 자산에 담보된 채무액을 뺀 가액만을 대상으로 하여 그 범위가 축소될 수 있다.

무엇보다도 2000년부터는 가업의 영위기간에 따라 지원하는 금액이 크게 증가하고 있어, 장기사업자의 장점을 활용하려면 법인으로 전환하여 가업승계를 하는 것이 유리한 측면이 있다. 특히, 공장과 같은 부동산을 보유한 개업사업자의 경우에는 조세특례제한법에서 개인사업자로서 영위하던 사업을 현물출자하거나 사업 양도 · 양수의 방법에 따라 법인전환을 하여 부동산도 함께 가업승계에 활용될 수 있다.

부동산의 경우에는 법인으로 이전하면 양도소득세 과세대상이 되나 조세특례제한법을 적용하면 양도소득에 대해 이월과세가 적용될 수 있지만, 이월과세를 신청한 법인의 주식을 5년 이내에 처분하면 이월과세된 양도소득세가 추징될 수도 있다. 이러한 경우에도 가업승계에 대한 증여세 과세특례를 적용하는 경우에는 추징되지 않는다.

이에 따라 가업승계를 고려하고 있는 기업 중에 부동산을 보유한 개인기업의 가업승계 증여세 과세특례제도의 적용과 관련한 절세방안에 대해 정리한다.

▮ 개인기업의 법인전환과 가업승계

가업승계에 대한 증여세 과세특례는 증여자가 가업을 10년 이상 계속하여 경영한 기업에 대해 적용한다. 이 제도는 18세 이상인 자녀가 60세 이상의 부모로부터 가업의 승계를 목적으로 해당 가업의 주식을 증여받고 가업을 승계한 경우에는 가업자산상당액에 대한 증여세 과세가액 10억원을 공제하고 여기에 100분의 10(과세표준이 120억원을 초과하는 경우 그 초과금액에 대해서는 100분의 20)의 세율을 적용하여 증여세를 부과한다.

가업승계 증여세 특례제도가 처음 시행될 당시에는 가업영위기간이 10년 이상 계속 경영한 기업을 대상으로 동일하게 적용하였으나 지금은 가업의 영위기간에 따라 구분하여 장기사업자를 지원하며, 30년 이상 영위한 경우에는 최대 600억원까지 적용이 가능하다.

가업승계에 대한 증여세 과세특례는 주식 또는 출자지분을 증여한 경우에 적용되므로 개인사업자는 법인으로 전환해야 가능하다. 부모가 가업을 10년 이상 계속하여 영위하였는지를 판단할 때 개인사업자가 법인으로 전환하는 경우에는 개인사업자로서 영위하던 사업기간을 포함하여 계산한다. 이 경우에 동일한 업종의 법인으로 전환한 경우로서 법인설립일 이후 계속하여 당해 법인의 최대주주 등에 해당하는 경우에 개인사업자로서 가업을 영위한 기간을 포함하게 된다.

이러한 경우에도 개인사업자가 가업을 폐업하고 같은 장소에서 법인을 설립하여 동일 업종을 영위하는 경우에도 법인전환에 해당하지 않거나, 개인사업의 사업용 자산의 일부를 제외하고 법인전환한 경우에는 개인사업자로서 가업을 영위한 기간은 포함하지 않는다.

개인사업자의 가업영위기간을 포함하려면 조세특례제한법에서 지원하고 있는 방법에 따라 개인사업자로서 영위하던 사업을 현물출자하거나 사업 양도·양수의 방법에 따라 법인전환을 할 수 있다. 개인사업자가 법인으로 전환할 때 때 양도소득세 과세대상 자산을 법인에 현물출자하면 자산의 양도에 해당하여 원칙적으로 양도소득세가 과세된다.

개인사업자가 법인에 현물출자하는 것에 대해 양도소득세가 부과되면 사실상 법인전환이 불가능하게 된다. 이러한 불합리한 점을 지원하기 위해 세법에서는 개인사업자가 해당 사업에 사용되는 사업용고정자산 등을 현물출자 등을 통하여 법인에 양도하는 경우 이를 양도하는 개인에 대해서는 양도소득세를 과세하지 아니하고, 이를 양수한 법인이 그 사업용고정자산 등을 양도할 때 양도소득세를 납부하도록 하고 있다.

이러한 지원제도를 이월과세라고 하는데, 개인사업자가 양도소득세의 이월과세를 적용받은 후 5년 이내에 주식의 50% 이상을 처분하는 경우에는 원칙적으로 이월과세된 양도소득세 등이 추징되며, 증여의 경우도 이에 포함된다. 이러한 경우에도 해당 내국인이 가업의 승계를 목적으로 해당 가업의 주식을 자녀에게 5년 이내에 증여하여 증여세 과세특례를 적용받은 경우에는 양도소득세 사후관리 위반에 해당되지 아니하여 양도소득세를 추징하지 않는다.

■ '김완일 컨설팅 Team'의 절세조언

상속이나 증여와 같은 자산의 무상이전에 대해 세율이 10%부터 시작하여 과세표준 30억원을 초과하는 경우 50%의 세율로 과세하면서도 장기사업자의 가업승계에 대한 조세지원은 지속적으로 확대되고 있다. 이러한 지원제도는 은퇴를 준비하고 있는 베이비붐 세대의 경영자들이 장기간 개인사업자로 운영하고 있는 경우에는 법인전환을 통한 가업승계를 해볼 필요가 있다.

가업승계에 대한 조세지원은 가업영위기간이 10년 이상인 법인의 주식을 증여한 경우에 적용한다. 이러한 지원제도는 주식을 자녀에게 가업의 승계를 목적으로 증여하는 경우에 적용되므로 개인사업자는 법인전환을 하여야 하며, 개인사업자가 법인으로 전환하는 경우에는 개인사업자가 계속 경영한 가업영위기간을 포함한다. 이러한 가업의 승계에 조세지원제도는 가업의 규모가 크지 않는 경우에는 사후관리의 부담 등을 고려할 때 기대하는 효과는 적을 것이나 공장용지와 공장 등과 같은 부동산을 보유한 기업에서는 고려해 볼 필요가 있다.

개인사업자로서 장기간 운영하던 부동산을 처분하여 자녀에게 이전하는 경우에는 장기간에 걸쳐 발생한 자본이득(양도차익)에 대한 양도소득세 부담이 크므로 가업승계를 통한 이월과세를 활용하는 지혜가 필요하다. 가업승계에 대한 증여세 과세특례는 주식 및 출자지분으로 증여를 해야 가능하므로 법인으로 전환하고, 법인전환 이후에 주식 등으로 자녀에게 증여하여 세법에서 정한 절차와 사후관리를 이행하면 절세를 할 수 있다. 이러한 증여는 이월과세를 할 때 주식의 처분을 제한하는 것에도 해당하지 아니하여 양도소득세가 추징되지 않는 점을 고려하면 그 효과는 크다고 할 수 있다.

가업승계에 대한 증여세 과세특례는 원칙적으로 10년 이상된 법인의 주식을 증여한 경우에 적용한다. 개인사업의

경우에는 가업승계를 할 수 없지만 법인전환한 경우에는 개입사업자의 사업영위기간을 포함하여 적용하므로 법인전환을 하고 주식으로 증여하면 가능하다. 이런 점으로 고려하면, 부동산을 보유한 사업자의 경우에는 현물출자를 통한 법인전환의 방법을 활용하면 여러 가지 제약요건을 쉽게 해결할 수 있다는 점을 안내하는 것이 바람직하다.

19
증자를 했을 뿐인데, 왜 과세가 될까?

19
증자를 했을 뿐인데, 왜 과세가 될까?

회사에서 유상증자를 할 때 증여세가 추징되었다는 사례를 자주 듣게 됩니다. 증자를 할 때 증여세가 발생하는 원인에 대해 알고 싶습니다. 또한 증여세가 발생하지 않도록 하려면 어떻게 증자를 자문해야 하는지 궁금합니다.
더불어 유상증자를 할 때 어떤 경우에 세무조사를 받아 세금이 추징되고, 어떤 경우에는 세무조사를 받지 않는지 그 차이점을 알고 싶습니다.

"증자과정에서 어느 한쪽으로 세법상의 이익이 측정되기 때문입니다."

▮ 불균등 증자에 대한 과세 동향

회사가 자본금을 증자할 때 특정인의 지분이 증가하거나 감소하여 주주의 지분율이 변동하는 경우에 세무서에서는 증여세를 부과하기 위해 그 경위에 대해 소명을 요청하는 경우가 자주 발생한다.

증자와 관련한 소명요청 대상은 주로 일부 주주가 실권하거나 주주가 아닌 제3자가 주주로 참여함에 따라 구 주주의 지분율이 변동되고, 신주의 발행가액이 시가와 차이가 많이 나는 경우다. 즉, 유상증자를 할 때 주주의 지분율이 변동되는 이른바, '불균등 증자'를 하는 경우에 저가 신주를 취득하거나 고가 신주를 포기한 주주에게는 재산의 무상이전 효과가 발생하기 때문이다.

예를 들어, 발행주식총수가 1만주이고 액면가액이 1만원인 회사의 자본금은 1억원이다. 이 회사가 증자를 할 때 1주당 평가가액이 15만원이라면 자본금은 1억원이지만 그 기업의 가치는 15억원이 되고, 아버지가 6천주, 아들이 4천주를 보유하고 있다면 아버지와 아들의 주식가치는 각각 9억원과 6억원이 된다.

이 회사에서 1만주를 액면발행하여 자본금 1억원을 유상증자하면서 아버지는 신주를 포기하고 이를 모두 아들이 인수하게 되면, 증자 후 이 회사의 주식은 아버지 6천주, 아들 1만4천주를 각각 보유하게 되고, 증자 이후 발행주식총수는 2만주가 되고 자본금은 2억원이지만 기업가치는 16억원(구주 15억원 + 신주 1억원)이 되어 1주당 평가가액은 8만원이 된다.

그 결과, 아버지가 실권한 신주를 인수한 아들은 1주당 8만원의 주식을 1만원에 인수하게 되어 1주당 7만원의 차액을 얻게 된다. 따라서, 아버지는 6,000주를 실권하여 4.2억원의 경제적 손실이 발생하고, 아들은 아버지로부터 4.2억원의 경제적 이익을 얻게 된다.

이러한 점을 고려하여 신주를 발행할 때 주주의 지분율이 변동되고 국세청에서 평가한 가액과 발행가액과의 차액이 많이 발생할 때, 재산의 무상이전에 대해 증여세를 과세하고자 차액 발생의 원인과 특수관계 성립 여부 등에 대해 소명요청을 하게 된다.

▌불균등 증자에 대한 과세요건

유상증자와 관련한 증여세 과세는 주식의 보유비율이 변동되는 불균등 증자를 전제로 신주를 시가보다 저가로 발행하는 경우와 고가로 발행하는 경우로 구분하고, 최근에는 전환주식에 대해 과세요건에 대해 별도로 규정하고 있다.

지분율의 변동은 실권주가 발생하거나 제3자 배정을 할 때 발생하므로 신주인수를 포기할 때 발생하는 실권주를 재배정하거나 실권 처리하는 경우, 제3자 배정의 경우로 구분하여 과세한다. 이러한 구분의 밑바탕에는 주식을 인수한 자의 적극적인 선택으로 발생하는 이익의 정도라고 생각되며, 적극적이거나 소극적인 정도에 따라 특수관계인 요건과 증여이익의 발생 정도 등을 고려하여 과세 여부와 세액계산의 방법이 달라진다.

증자유형의 구분에 대해 구체적으로 살펴보면, 적극적인 선택에 따라 실권주를 인수하거나 제3자가 신주를 인수함에 따라 증여이익을 얻는 경우(저가발행)에는 특수관계인의 성립과 무관하게 과세되고, 소극적인 선택으로 본인의 실권이나 타인의 취득에 따른 지분 변동으로 증여이익을 얻는 경우(고가발행)에는 특수관계인이 성립되어야 한다.

이와는 별도로 타인이 실권한 신주를 실권 처리하는 경우에는 자신의 선택과는 무관하므로 저가 또는 고가발행과는 상관없이 특수관계가 성립해야 하고, 증자후의 1주당 평가가액과 신주인수가액의 차액이 증자 후의 평가가액과 30% 이상 차이가 나거나 1인별 증여재산가액이 3억 이상의 증여이익이 발생하여야 과세대상이 된다.

한편, 일부 기업에서는 외부에 투자를 유치하는 등 제3자 배정으로 증자한 경우에 신주인수자에게 증여세가 과세될 때 이에 대한 분쟁이 자주 발생하고 있다. 주주가 아닌 제3자가 비록 투자 유치를 통해 신주를 인수했다고 하더라도 본인의 선택에 따라 신주를 저가로 인수하여 이익을 얻게 될 때는 특수관계인의 요건은 물론, 증여이익의 크기와 관계없이 증여세를 과세하기 때문이다.

이러한 증자유형에 대해 대법원에서는 특수한 경우를 제외하고는 과세요건에 따라 과세한 처분은 정당하다는 결정을 하고 있고, 이에 대해 국회에서도 개정하려는 시도는 있었으나 여전히 개정되지 않고 있다.

▮ '김완일 컨설팅 Team'의 절세조언

가장 심플한 방법으로 신주를 발행할 때 주주평등의 원칙에 따라 기존 주식 비율대로 증자하면 증여이익은 발생하지 않는다. 반면에 특정인이 신주를 취득해야 하는 경우나 불균등하게 증자를 해야 할 경우에 액면가나 낮은 가격으로 증자를 하면, 증여세 과세 문제가 발생한다. 따라서, 주식가치를 적법하게 평가하고 그 평가액으로 증자하면 불균등 증자에 의한 증여세 과세 문제는 발생하지 않는다.

증자에 따라 지분율이 변동될 때, 신주를 저가로 발행하면 특수관계 성립과는 무관하게 과세되고, 신주를 고가로 발행하는 경우에는 특수관계가 성립되어야 과세된다. 한편, 실권주를 실권처리하는 경우에는 저가 또는 고가발행의 구분 없이 특수관계가 성립하고 일정한 금액 이상의 차이가 발생하는 경우에 과세된다.

불균등 증자에 따른 증여세 과세는 시가의 결정이 핵심과제이고, 비상장법인의 경우에는 특성상 대체로 주주 사이에는 특수관계가 성립되므로 세법에서 정하는 평가액을 적용해야 하며, 이러한 평가액은 적용시기에 따라 크게 달라진다.

또한, 불균등 증자에 대한 증여세 과세는 주가평가의 실수 때문에 발생하고 그 원인은 일반적으로 자회사의 주식평가와 해외투자법인의 주가평가, 정관 규정을 적용하는 판단, 보유부동산 평가의 적정성, 일시적으로 발생한 이익에 대한 평가 등 나양하나.

이러한 점을 고려하여 불균등 증자는 가업승계 증여세 과세특례나 가업상속공제 적용대상이 아닌 기업이나 가업승계에 대한 사후관리에 어려움이 예상되는 기업의 경우에는 기업의 상황에 맞는 적절한 시점에 자녀 등의 후계자가 증자에 참여할 수 있도록 가업승계의 보완수단으로 활용할 수도 있다.

이 때 신주를 발행하면서 적용하는 주가는 기업의 상황을 분석하고, 상법상의 규정 등 다양한 방법으로 풀 수 있는 솔루션을 활용할 수 있으며, 세법상의 예외적인 평가방법을 적용할 수도 있다. 늘 대안은 있는 법이다.

유상증자를 할 때 지분비율대로 균등증자를 하면, 증여세 과세문제는 발생하지 않는다. 그렇지만 모든 주주가 같은 마음으로 증자에 참여하지 않는 경우도 고려해야 한다. 일부 주주가 증자에 참여하지 않으면 불균등증자에 해당하며, 이런 경우에는 신주의 발행가액을 주식평가액으로 하지 않으면 증여이익이 발생하게 된다. 이런 원리에 착안에서 발행가액을 결정하여야 한다.

20
중소기업(비상장)이 '자사주 거래하면 세무 조사 받는다'는 소문

김완일의
컨설팅수업

20
중소기업(비상장)이 '자사주 거래하면 세무조사 받는다'는 소문

자사주 거래를 통해 컨설팅을 진행하며 많은 수익을 얻고 있다고합니다. 그러나 일부에서는 자사주 거래에 대해 세무조사를 받아 세금을 추징당해 곤란한 상황에 처해 있다고 들었습니다. 어떤 경우에 세금이 추징되고, 어떤 경우에는 문제가 없는지 그 차이점에 대해 알고 싶습니다.

▮ 자기주식 거래 동향

일반적으로 자사주라 칭하는 자기주식은 회사가 자신의 주식을 가진 것이다. 자기주식을 거래하면 세무조사를 받는지에 대한 문의 전화가 자주 온다. 의뢰인 요청으로 자사주 거래 업무를 맡은 조세 전문가들도 적법한 법적 절차를 따랐음에도 불구하고 나중에 세무조사를 받지 않을까 걱정한다.

기업이 임직원에게 스톡옵션을 주거나, 주가가 급락할 때 일시적으로 주가를 부양할 필요가 있거나, 거래량 부족으로 상장폐지 위기를 막기 위해 대주주가 자사주를 취득하는 경우가 있다. 과거에는 상장기업만 자사주 거래가 허용되었고, 비상장회사는 회사 합병이나 다른 회사의 영업 전부를 인수하는 경우와 같은 특정 목적 외에는 취득이 허용되지 않았다.

상장기업에만 적용하던 자사주 매입 정책을 상장법인과의 형평성, 중소기업의 투자자금 회수 유연성 등의 이유로 2011년 상법을 개정하고 2012년 4월 15일부터 비상장기업도 자사주 매입을 할 수 있도록 법을 시행했다. 그럼에도 불구하고, 법 개정의 본래 취지와 달리, 회사 대표가 회사 자금을 빌린 후 이를 상환할 능력이 없을 때, 마지막으로 남은 시장에서도 거래할 수 없는 비상장주식을 회사에 팔아서 빚을 갚는 용도로 자사주 거래가 활용되는 경우가 유행하게 되었다.

자사주 거래가 성행하자 과세당국에서는 회사의 영업활동과 무관하게 회사의 자금이 인출된다는 점을 고려해 세무조사를 진행하고, 장기간 보유한 자사주를 무수익 자산으로 보아 세금을 추징하는 사례가 발생했다. 어느 사이에 자사주를 거래하면 세무조사를 받는다는 소문이 퍼지면서 혹시나 하는 두려움 때문에 자사주 거래를 자제하는 분위기다.

자사주 거래에 대해 과세당국과 분쟁이 예상되는 이유는 대체로 두 가지다. 하나는 과세방법의 차이다. 자사주를 일시 보유 목적으로 취득한 경우에는 양도소득으로 과세되고, 주식의 감자 또는 소각 목적으로 취득한 경우에는 의제배당으로 종합소득세로 과세되는 것이다. 이러한 과세방법으로 인해 주식의 양도소득세 최고세율은 25%인 반면에, 의제배당으로 과세되면 최고세율이 45%가 적용돼 20%의 세율 차이가 발생해 일시 보유 목적으로 취득한 것에 대해 여러 가지 이유를 찾아 이를 부인하는 결정을 했다.

다른 하나는, 무수익 자산을 매입한 것으로 보는 것이다. 무수익 자산 매입은 부당행위계산부인의 대상이 된다. 따라서 자사주의 취득으로 지급된 매매대금을 업무무관 가지급금으로 보아 이자 상당액을 회사의 익금으로 산입하고, 자기주식 취득을 위해 차입한 차입금이 있어 이자가 지급됐다면, 지급이자는 손금으로 인정하지 않는 한편, 양도한 주주에게는 소득처분을 통해 소득세로 과세하게 된다.

자사주 취득에 대해 취득 목적에 따라 적용되는 세율의 차이가 크고, 부당행위계산부인의 적용이 우려되므로 자사주의 거래와 관련한 과세문제와 컨설팅 방법을 중심으로 간략하게 정리한다.

▮ 자사주의 거래에 대한 세법상의 구분

자사주는 회사가 이미 발행한 주식을 일정한 사유나 특정 목적으로 재취득해 보유하는 주식이다. 상법은 자본충실의 원칙을 해하지 않는 범위 내에서 자사주의 취득을 인정한다. 이에 따라 배당 가능 이익의 범위 내에서 상법이 정하는 절차에 따라 자사주의 취득을 통해 유동화하는 수단으로 많이 활용된다.

자사주 거래와 관련한 과세방법은 주식의 양도에 해당하는 경우 양도차익에 대해 양도소득세와 증권거래세가 과세되며, 주식의 소각이나 자본의 감소 목적으로 취득하는 경우 주주가 취득하는 금전 등의 가액이 그 주식의 취득가액을 초과하는 금액은 배당소득으로 한다. 이러한 구분에 따라 양도소득으로 과세되는 경우 과세표준이 3억원 초과분에 대해서는 25%, 주식의 소각 내지 자본의 환급에 해당하여 의제배당으로 과세되는 경우 과세표준이 10억원 초과분에 대해서는 45%의 세율로 과세된다.

자사주 거래가 양도소득 또는 배당소득으로 과세되는지는 취득의 목적에 따라 다르며, 세부담의 차이가 현저하다. 법원은 주식의 매도가 자산거래인 주식의 양도에 해당하는지, 아니면 자본거래인 주식의 소각 내지 자본의 환급에 해당하는지는 법률행위 해석의 문제로, 거래의 내용과 당사자의 의사를 기초로 판단해야 한다고 보고 있다. 실질과세의 원칙상 계약서의 내용이나 형식뿐만 아니라 당사자의 의사와 계약체결의 경위, 대금의 결정방법, 거래의 경과 등 거래의 전체 과정을 실질적으로 파악하여 판단한다고 판시하고 있다.

이 차이는 회사가 자사주를 취득하기 위해 이사회 결정 과정에서 그 목적을 명시하고 있음에도 불구하고, 자사주 취득 이후 회사의 자사주 처리방법에 따라 분쟁의 대상이 될 수 있다. 세율이 낮은 일시보유 목적으로 취득한 후 장기간 아무런 조치 없이 보유하는 경우, 일시보유 목적이 아니라는 이유로 부인하는 사례가 대부분이다.

상법은 일시보유 목적으로 취득한 자사주의 보유 기간에 제한을 두지 않으며, 벌칙 규정도 없다. 법원은 계약서의 내용과 형식, 당사자의 의사와 계약체결의 경위, 대금의 결정방법, 거래의 경과 등 거래의 전체과정을 실질적으로 파악하여 판단한다고 한다.

또 다른 문제는 자사주를 무수익 자산으로 보아 부당행위계산부인 대상에 해당하는지 여부이다. 자사주 취득 후 장기간 보유하며, 소각 또는 제3자 매각을 하지 않는 경우가 대상이다. 자사주 대가로 지급한 것을 업무무관 가지급금으로 처분하고, 지급이자에 대해서도 손금불산입하는 경우가 있다.

그러나 자사주의 양도가 적법한 한, 양도가액을 대여금으로 보기는 어렵다. 양도거래 자체가 무효가 되어야만 양도가액을 대여금으로 볼 수 있다. 자사주 거래가 유효하다면, 자사주를 재매도함으로써 자사주 처분 손익이 발생할 수 있고, 기업가치가 전혀 없다고 볼 수 없으므로, 자사주 매매대금을 업무무관 가지급금으로 보기 어렵다고 판단된다. 따라서, 상법에서 정하는 절차에 따라 적법하게 취득한 경우 자사주를 무수익 자산의 취득으로 보아 부당행위계산부인을 하는 것은 타당하지 않다고 볼 수 있다.

■ '김완일 컨설팅 Team'의 절세조언

비상장주식은 시장에서 자유롭게 거래할 수 없어 주로 친인척과의 거래나 회사 전체를 처분하는 경우를 제외하고는 유동화하기 어렵다. 이러한 어려움 속에서 비상장법인을 경영하는 투자자들에게 상법이 배당가능이익의 범위 내에서 자사주 취득을 허용함으로써 일정한 해결책을 제공했다. 컨설팅 회사들을 중심으로 자사주 활용 사례가 많아졌으나, 무분별한 자사주 취득에 대해서는 추징 사례도 많이 발생했다.

비상장법인에서 자사주 취득의 가장 큰 목적 중 하나는 중소기업의 투자자금 회수다. 비상장회사의 경영자가 비용 처리할 수 없는 지출을 하거나 사적인 용도로 사용한 후 상환 능력이 없을 때 최후의 수단으로 회사에 투자한 주식을 처분하는 것이다.

자사주를 취득할 때, 주식을 소각하거나 감자하는 행위는 종합소득세로 과세되어 세부담이 크기 때문에, 많은 기업들이 일시적으로 보유하는 목적으로 자사주를 취득한다. 하지만 이 자사주를 장기간 아무런 조치 없이 보유하는 경우, 세무당국은 이를 특정 주주에게 자금을 대여한 것으로 해석할 위험이 있다. 이런 상황을 피하기 위해 자사주의 일시보유목적(매각을 위한 행위 입증)을 명확히 입증하는 것이 중요하다.

자사주 처분 의도를 입증하는 가장 효과적인 방법 중 하나는 자사주를 처분하려는 적극적인 노력을 보이는 것이다. 예를 들어, 신문 공고를 통해 자사주 매각을 시도하는 것과 같은 행위는 세무조사 대응 과정에서 해당 기업이 자사주를 단순히 보유하고 있지 않고, 실제로 유동화하려는 의도가 있음을 강력히 입증하는 데 도움이 될 수 있다.

한편, 무수익 자산 매입으로 인한 부당행위계산부인 대상이 되는 것은 자사주 취득행위가 무효에 해당하는 경우라는 것이 판례의 입장이다. 따라서, 상법에서 정한 절차에 따라 취득하는 경우 자사주 취득을 부당행위계산부인 대상으로 보지 않으므로, 상법에서 정하는 절차에 따라 취득하는 것이 바람직하다.

비상장주식에 투자하는 것도 상장주식에 투자하는 것과 같이 투자방법의 하나에 해당한다. 비상장주식은 시장성이 없어 시장에서 자유롭게 처분할 수 없으므로 자사주 거래를 통해 유동화할 수 있다.

자사주는 상법에서 정하는 절차에 따라 거래하지 않으면 무효가 되어 업무무관가지급금으로 분류될 수 있으므로 그 절차를 준수해야 하고, 취득 목적에 따라 과세방법이 상이 하므로 고객의 상황을 고려해서 안내하여 세무조사를 받지 않도록 하면서 진행해야 한다.

김완일의

컨설팅 수업

[발행일]
2024년 11월 1일

[지은이]
김완일

[펴낸곳]
(주)월드클래스코리아

[임프린트]
도서출판 월클

[기획·편집·디자인]
기업의별 세무사 미래전략 연구소

[출판등록]
2020년 5월 15일 (제2020-000125호)

[주소]
서울특별시 강남구 테헤란로623 삼성빌딩 3층

[전화]
02-6925-1600

[팩스]
02-2038-7500

[ISBN]
979-11-93390-03-0(93320)

[가격]
9,800원